Rudolf Leonhard

Der Entwurf eines bürgerlichen Gesetzbuchs für das Deutsche Reich

Und seine Beurteilung

Rudolf Leonhard

Der Entwurf eines bürgerlichen Gesetzbuchs für das Deutsche Reich
Und seine Beurteilung

ISBN/EAN: 9783743411142

Hergestellt in Europa, USA, Kanada, Australien, Japan

Cover: Foto ©Suzi / pixelio.de

Manufactured and distributed by brebook publishing software (www.brebook.com)

Rudolf Leonhard

Der Entwurf eines bürgerlichen Gesetzbuchs für das Deutsche Reich

Die besonderen Rechtszweige im Entwurfe

eines

bürgerlichen Gesetzbuchs für das deutsche Reich.

Fortsetzung und Schluss
der den allgemeinen Rechtslehren zugewandten Abhandlung:

Der Entwurf eines bürgerlichen Gesetzbuchs für das deutsche Reich
und seine Beurteilung in einer kurzgefassten Uebersicht hergestellt

von

Dr. Rudolf Leonhard,
Professor der Rechte an der Universität Marburg.

Marburg.
N. G. Elwert'sche Verlagsbuchhandlung.
1892.

III.

Die starken Abweichungen von den römischen Regeln, welche den besondern Rechtszweigen im Entwurfe im Gegensatze zu seinen allgemeinen Vorschriften eigenthümlich sind, haben verschiedene Wurzeln und verschiedene Ziele. Sie stammen theils aus rein wissenschaftlichen, theils aus wirtschaftlichen Quellen und stellen sich theils als Verarbeitungen der römischen Gedanken dar, verbunden mit Fortfall veralteter Zuthaten, theils als absichtliche Umgestaltungen, welche dahin streben, eine in Rom bereits gelöste Aufgabe nunmehr nochmals auf bessere Weise zu lösen, endlich drittens als spätere Schöpfungen, die aus nachrömischen Schutzbedürfnissen oder Schutzmitteln erklärt werden müssen.

Die zuerst erwähnte Stellung nimmt der Entwurf vornehmlich auf demjenigen Gebiete ein, in welchem das römische Recht sich die meiste Anerkennung zu verschaffen gewusst hat, den besonderen Lehren des Forderungsrechtes. Gerade hier ist aus den römischen Quellen selbst der Trieb hergeleitet worden, unvollkommene Gestaltungen zu vollenden

und Veraltetes abzustreifen. Die Verfasser des Entwurfs sind sich dieser Aufgabe wohl bewusst gewesen. Es zeigt sich dies namentlich schon in den Grundgedanken der Anordnung, welche von dem römischen System vielfach abweichen. Die Schuldverhältnisse sind in 3 Gruppen geteilt:
1). Verpflichtungen aus Rechtsgeschäften unter Lebenden (also vornehmlich aus „Verträgen");
2). aus unerlaubten Handlungen;
3). aus andern Gründen.

Wir finden hier im Wesentlichen die Dreitheilung in obligationes ex contractu, ex delicto und ex variis causarum figuris nachgebildet. Weggelassen sind also die Gruppen der obligationes quasi ex contractu und der obligationes quasi ex delicto [1]), was weniger Bedenken erwecken wird, als es der Fall sein sollte, da ihnen ein vernünftiger Gedanke zu Grunde liegt, nämlich das Bestreben einer gleichen rechtlichen Behandlung rechtsähnlicher Beziehungen. Mag man gegen diese Eintheilung sagen, was man will, kein vernünftiger Mensch wird bestreiten, dass mandatum und negotiorum gestio, societas und communio incidens zusammen gehören. Natürlich giebt es weder „Quasikontrakte" noch „Quasidelicte", wohl aber obligationes, quae quasi ex contractu (nicht ex quasi contractu) nascuntur, d. h. Pflichten, die den Vertragspflichten ähnlich sind, weil sie wie diese zum Besten des Verkehrsschutzes von der Rechtsordnung anerkannt sind. Dass diese Nichtachtung der römischen Systematik zu einer völligen Verkümmerung der Quasidelictsobligationen, welche von vielen Seiten beklagt worden ist, beigetragen hat, ist wahrscheinlich.

Man hätte also eintheilen sollen:
1). Schuldverhältnisse, deren Anerkennung dem Verkehrsschutze dient: *a.* aus Rechtsgeschäften; *b.* aus andern Ereignissen.
2). Schuldverhältnisse, deren Anerkennung dem Schutze

---

[1]) *Motive*, Bd. 2, S. 1, 745.

gegen Rechtswidrigkeiten dient: *a.* aus unerlaubten Handlungen; *b.* aus andern Ereignissen.

Die dritte Klasse (Schuldverhältnisse zu andern Zwecken) hätte sich dann ganz auflösen oder jedenfalls vereinfachen lassen.

Noch schwereren Bedenken unterliegt der Plan, nach dem uns die Schuldverhältnisse vorgeführt werden (§§ 437 ff.). Neben einander stehen unvermittelt: 1) Schenkung. 2) Darlehen. 3) Kauf und Tausch. 4) Miethe und Pacht. 5) Gebrauchsleihe. 6) Dienst- und Werkvertrag. 7) Auslobung. 8) Auftrag. 9) Anweisung. 10) Hinterlegungsvertrag. 11) Einbringung von Sachen bei Gastwirthen. 12) Gesellschaft. 13) Leibrente. 14) Spiel und Wette. 15) Vergleich. 16) Bürgschaft. 17) Verpfändungsvertrag. 18) Schuldversprechen (das „abstrakte" Versprechen ist $\kappa\alpha\tau'$ $\dot{\varepsilon}\xi o\chi\dot{\eta}\nu$ so genannt). 19) Schuldverschreibung auf den Inhaber.

Wir sehen, dass hier mit dem römischen Contractsystem gebrochen ist. Dies kann nur gebilligt werden[1]. Der Bau dieses Systems gliederte sich nach der Art und Weise, in welcher die römische Entwicklung dem Grundsatze der Formlosigkeit entgegen strebte. Nachdem das Ziel erreicht ist, ist der Weg ohne Bedeutung für die gegenwärtige Rechtspflege. So musste denn der stolze Bau zertrümmert werden. Allein schmerzlich berührt es, dass nunmehr seine Stücke neben einander liegen, ohne zu einem neuen Ganzen verbunden zu sein.

Und doch war es wohl nicht allzu schwer, dieses Durcheinander in wenige übersichtliche Gruppen zu ordnen. Das römische System ist veraltet; allein das heutige Verkehrsleben drängt dem Beobachter einen vollwerthigen Ersatz auf. Die drei Hauptgruppen: 1) Versprechen gegen Entgelt, 2) Versprechen ohne Entgelt, 3) Versprechen, das ohne Angabe des Schuldgrunds klagbar sein soll (sogenanntes abstraktes Versprechen), liegen nahe. Die Versprechen gegen

---

[1] Für dasselbe erklärt sich übrigens wider den Entwurf **Bernhöft**, *Kauf, Miethe und verwandte Verträge nach dem Entwurfe* u. s. w., Berlin, 1889, S. 05.

Entgelt (1) sind wieder theils a. Rückgabeversprechen (Darlehen, Gebrauchsleihe, Verpfändungsvertrag, Hinterlegung und Aehnliches), theils b. Austauschgeschäfte. Die Austauschgeschäfte zerfallen wieder in α. Austausch bleibender Vermögensvortheile (Kauf, Tausch, Leibrente, Spiel und Wette, Vergleich und dergleichen) und β. in die Belohnung vorübergehender Begünstigungen, nämlich αα. Austausch von Lohn gegen Sachbenutzung (Sachmiethe) oder ββ. gegen Arbeitsbenutzung (Dienst- und Werkvertrag), endlich γγ. in gegenseitigen Austausch von Mitarbeitsthätigkeit zu gemeinsamem Gewinne (Gesellschaft).

Die Versprechen ohne Entgelt (2) sind wieder theils a. Versprechen aus Wohlwollen, nämlich α. Schenkung, β. Auftragsübernahme aus Gefälligkeit (so ist m. E. mandatum zu verdeutschen [1]); denn der nicht übernommene Auftrag ist zwar ein Auftrag, aber kein Verpflichtungsgrund) und b. Sicherungsversprechen zur Verstärkung einer Zusage. Hier hätten nun α. die Conventionalstrafe — warum nicht Vertragsstrafe? — und β. die Bürgschaft untergebracht werden können.

Die Versprechen ohne Pflicht zur klageweisen Schuldgrunds-Erwähnung (Nr. 3, abstrakte Versprechen) würden neben a. dem einfachen abstrakten Schuldversprechen auch b. die Inhaberpapiere, nach der Meinung des Verfassers auch c. das Versprechen nach erfolgter Anweisung (§§ 605—613) umfassen müssen; denn auch bei diesem liegt eine Schuldverpflichtung vor, in der die beiderseitigen Beziehungen, in welchen sowohl Schuldner als auch Gläubiger zu dem anweisenden Dritten stehen, verschleiert sind [2]).

In die allgemeine Lehre von den Verträgen würde die Auslobung (§§ 581 ff.) zu überweisen sein, da sie nach ihrem Inhalte bald eine bedingte Schenkung, bald Werkvertrag, bald Verkauf u. a. mehr sein kann und sich von den gewöhn-

---

[1]) Vgl. hierzu auch Laband, *Archiv f. civ. Pr.*, Bd. 74, S. 323.
[2]) Vgl. hierzu auch Laband, *Archiv f. civ. Pr.*, Bd. 74, S. 331 ff.

lichen Verträgen nicht durch den Inhalt, sondern die Art ihres Abschlusses auszeichnet. Auch das receptum cauponum und stabulariorum (§§ 626—628) ist, seitdem die besondere Klageformel unpraktisch geworden ist, nichts mehr, als eine Summe von Sondervorschriften über eine ausnahmsweise strengere Haftung in gewissen Miethsverhältnissen. Ein Anachronismus dürfte es sein, hier noch von einem besondern Vertrage mit dem Gastwirthe zu reden, der neben der Zimmer- und Stallmiethe steht. Kein Nichtjurist wird begreifen, warum bei solchen Geschäften zwei Verträge neben einander angenommen werden sollen. Die Vorschriften, welche die Haftung der Gastwirthe erschweren, gehören daher zu den allgemeinen Vorschriften über Steigerung der ursprünglichen Verpflichtungen durch Schuld oder Zufall.

Nach diesem Blicke auf die Anordnung der Vertragspflichten können wir sie einzeln an unserm geistigen Auge vorüberziehen lassen.

Die Schenkung (§§ 437—452) setzt Annahmeerklärung voraus, weil ihr Empfang gewisse Pflichten erzeugt. Die vollzogene Schenkung ist formlos ohne Rücksicht auf ihre Höhe (§ 441), nur das Versprechen muss stets gerichtlich oder notariell sein. Es scheint hierbei weniger beabsichtigt zu sein, die Schenker selber vor den Folgen leichtsinniger Aussprüche zu schützen, durch welche sie in einer Geberlaune wohlthätige Verheissungen aussprechen, die sie später gereuen. Viel grösser ist vielmehr die Gefahr, dass lügnerischer Weise formlose Schenkungen nach dem Tode des angeblichen Spenders ohne Grund behauptet und durch einen Scheinbeweis gekräftigt werden können. Wäre dies möglich, so würde es, wie die Motive [1]) richtig bemerken, ein Leichtes sein, die Formvorschriften über letztwillige Verfügungen zu umgehen.

Eine Auslegungsregel, über deren Berechtigung sich streiten lässt, die jedoch, wie alle Regeln dieser Art, in den Händen einsichtiger Richter ungefährlich sein wird, liegt

[1]) Bd. 2, S. 293.

in dem Satze, dass im Zweifel die Erben des Schenkers aus dem Versprechen immer wiederkehrender Unterstützungen nicht haften sollen (§ 447). Der Widerruf soll (nicht wegen nachgeborner Kinder, wohl aber) wegen Undanks möglich sein und zwar unter ähnlichen Bedingungen (§ 449), wie sie Justinian aufgestellt hat.

Der Begriff des Darlehns ist nicht so weit abgesteckt, wie es den Bedürfnissen eines höher entwickelten Verkehrslebens entspricht (§ 453). Nicht jede empfangene Bereicherung in Höhe einer bestimmten Summe soll als Grundlage eines Darlehnsversprechens gelten, sondern nur die hingegebene und die vom Schuldner zurückbehaltene Summe. Eine freie Auslegung wird freilich vielleicht auch andere Fälle, z. B. auch solche Gelder dahin rechnen, welche ein Schuldner dadurch erlangt, dass er eine Sache des Gläubigers in dessen Auftrage verkauft; wenigstens ist nicht einzusehen, warum hier keine Darlehnsgrundsätze gelten sollen. Nach dem Vorgang des Preussischen Landrechts ist eine gesetzliche Kündigungsfrist für Darlehen bestimmt, jedoch nicht, wie dort eine doppelte, sondern eine einfache von 6 Wochen (§ 457). Viel zu lang ist diese Frist bei kleinen Darlehen, die im gesellschaftlichen Verkehr üblich sind, z. B. um einem Freunde auszuhelfen, der gerade kein Geld bei sich hat. Allerdings führen solche Geschäfte nur selten zu einer Klage. Dass das Versprechen, ein Darlehn zu gewähren (§ 458), bei erheblicher Vermögensminderung des Darlehnsanwärters im Zweifel hinfällig werden soll, ist als eine durchaus angemessene Auslegungsregel anzuerkennen.

Die Lehre vom Kauf[1] (§§ 459 ff.) ist in 2 Punkten (Haftung für Gefahr und Eviktion) schon besprochen. Ist der Eigentumsübergang ins Grundbuch eingetragen, so soll dies der Uebergabe auch insofern gleichstehn, als die Gefahr damit auf den Käufer übergeht, was im Preussischen Recht zweifelhaft war (§ 463). Dass auf den Verkäufer, der für

---

[1] Vgl. zu ihr Laband, a. a. O., S. 299 ff.

die verkaufte Sache sorgt, die Vorschriften über Geschäftsführung ohne Auftrag gelten sollen (§ 464), ist ein Gedanke, der zwar ohne erhebliche Tragweite ist, aber doch nicht unbedenklich erscheint. Wer ohne Vertragspflicht für eine fremde Sache sorgt, haftet bei Abwendung einer drohenden Gefahr nur für grobe Fahrlässigkeit (§ 750). Es ist nicht gerechtfertigt, dass diese wohlverständliche Begünstigung auch den vertragsmässig Verpflichteten zu Gute kommen soll. Dass niemand Preis und verkaufte Sache zugleich ausnutzen soll (§ 467), hält Bernhöft [1]) für eine veraltete Vorschrift des römischen Rechts. Die Verkehrssitte macht nur für den Handel von Kleinkaufleuten mit dem Publikum hiervon eine Ausnahme. Wegen des Verkehrs unter Geschäftsleuten über grössere Gegenstände (Miethshäuser, Fabriken u. dergl.) empfiehlt sich die Beibehaltung der durchaus billigen Regel. Wenn der Entwurf es für nöthig hält, dem Versteigerer den Selbstkauf zu verbieten (§ 468), so kommt es daher, dass seine Verfasser ein Contrahieren eines Menschen mit sich für denkbar halten, so dass z. B. jemand eine Sache für sich erwirbt und zugleich für einen andern veräussert [2]). Es ist dabei z. B. an einen Vormund gedacht, der eine Mündelsache als Vertreter seines Schützlings sich selbst verkauft und dergleichen. Diese neuerdings vorherrschende Ansicht [3]) vermag der Verfasser nicht zu theilen. Dies Geschäft ist wohl nur deshalb nach römischem Recht nicht verboten, weil es nicht möglich ist. Würde jetzt der Entwurf ein solches Geschäft ausdrücklich anerkennen, dann wäre es ein einseitiger Erwerbs- und Verpflichtungsakt unter besonderen Bedingungen, niemals aber ein Vertrag, da zu solchem *gegenseitige* Erklärungen abgegeben werden müssen. Ein Schauspieler kann zwar zwei Rollen im selben Drama bekleiden, nur dürfen dies nicht solche

---
[1]) A. a. O., S. 56.
[2]) Vgl. *Motive*, Bd. 3, S. 94, 182, 826.
[3]) Vgl. hierüber insbesondere M. Rümelin, *das Selbstcontrahieren des Stellvertreters*. Freiburg, 1888, bes. S. 276 ff.

Personen sein, die zugleich auf der Bühne in einem Dialoge erscheinen müssen. Dass ein solches Selbstcontrahieren für die Vermögenslage des dabei vertretenen abwesenden Geschäftsherren viel zu gefährlich ist, um seine Einführung herbeizuwünschen, bedarf wohl keines weiteren Beweises.

Die „in diem addictio" (§ 474) erscheint als „Vorbehalt der Annahme eines bessern Gebots eines Dritten." Das angenommene bessere Gebot soll keinen für alle verbindlichen Rückfall der Sache an den Veräusserer begründen, sondern eine blosse Forderung auf Rückgabe (§§ 474, 427). Diese Abweichung vom römischen Recht erklärt sich wohl, wie vieles andere, aus der durchgreifenden Rücksicht des Entwurfs auf etwaige redliche Dritte.

Die Vorschriften über Wiederkauf, persönliche Vorkaufsrechte und Erbschaftskauf (§§ 476—501) enthalten im Wesentlichen nur angemessene Auslegungsregeln, die auf dem Boden der neueren Pandektenlehre erwachsen sind.

Der Tausch soll dem Kauf gleichstehen (§ 502). Zur Ermöglichung dieses Grundsatzes ist die Vorschrift beigefügt: „Jeder der Vertragschliessenden ist in Ansehung der von ihm versprochenen Leistung gleich einem Verkäufer und in Ansehung der ihm zugesicherten Leistung gleich einem Käufer zu beurtheilen". Wenn es erlaubt ist, die römische Redeweise heutzutage anzuwenden, so sollen hierdurch zwei Ansprüche entstehn, die beide den Vorschriften über actiones empti unterliegen; die Vorschriften über actiones venditi dagegen sollen bei dem Tausche einfach ausser Betracht bleiben.

Die Lehre von der Miethe und Pacht (§§ 503 ff.) enthält eine Vorschrift (§§ 509 ff.), die einen wahren Sturm der Entrüstung hervorgerufen hat, die Beibehaltung des Satzes „Kauf bricht Miethe"[1]). Dieser Satz ist übrigens ge-

---

[1]) Ueber sie liegt bereits eine ziemlich umfangreiche Litteratur vor, vgl. die Gutachten von Eck und Fischer in den *Verhandlungen des 19ten Juristentages*, Bd. 2, S. 229 ff., S. 312 ff. Ein einstimmiger Beschluss des 19ten Juristentages (Bd. 3, S. 305) missbilligt den Entwurf, ebenso Bernhöft, a. a. O., S. 72 ff. und ein Beschluss des preussischen

mildert durch die Bestimmung, dass der Miether, wenn das Eigentum der Sache oder ein Recht, das ihn beeinträchtigt, von einem Dritten erworben wird, wenigstens während der gesetzlichen Kündigungsfrist in der Sache verbleiben darf. Die weitgehenden, maaslosen Folgerungen, welche man aus dieser Vorschrift auf den „Geist" des Entwurfs gezogen hat, sind überaus ungerechte. Mag man dieselbe noch so hart verurtheilen, die Verfasser des Entwurfs haben sie zweifellos aus keinem andern Grunde angenommen, als weil sie thatsächlich in breiten Flächen Deutschlands gilt, die Orte, in denen dies der Fall ist, z. B. Frankfurt am Main und Hamburg, sich durch wirthschaftliche Blüte auszeichnen und die Juristen und das Volk in diesen Gegenden mit diesem unbequemen Rechte schliesslich leidlich zufrieden sind. Andererseits giebt die viel gerühmte Regelung dieser Angelegenheit im Preussischen Landrecht zu vielen Bedenken Anlass. Nach diesem wird dem Miether im neuen Hausherrn ein neuer Vermiether aufgedrängt, z. B. statt eines liebenswürdigen Vertragsgenossen ein zänkischer. Dies kann härter sein als die Exmission. Der Verfasser beabsichtigt übrigens in dieser vielerörterten Frage keineswegs, geradezu wider den Strom zu schwimmen. Er erkennt an, dass auch nach seinem Gefühl etwas Barbarisches darin liegt, den Satz „Kauf bricht Miethe" im Sinne der gemeinrechtlichen Lehre anzuwenden. Er hält ihn aber nicht für römisch. Die Römer verlangen vom Miether nur, dass er den neuen Herrn in's Haus hineinlässt, damit dieser es besichtigen kann, nicht aber dass er selbst hinausgeht. Der Miether bleibt vielmehr Vertragsgenosse des bisherigen Vermiethers und hat gegen den neuen Herrn, der das Verhältniss kennt, zum Schutze seines Miethsrechts m. E. nach allgemeinen Grundsätzen eine exceptio doli. Wenn man in Deutschland dies allerdings nicht beachtet und die Rechte der Miether arg geschmälert

---

Landes-Oekonomie-Collegiums, a. a. O., S. 131 nr. 11. Vgl. auch Jacobi, *Miethe und Pacht*, Berlin 1889, und die *Motive*, Bd. 2, S. 380 ff.

hat, so war dies wohl eine Folge des Bedürfnisses nach einer baulichen Umwandlung der mittelalterlichen Städte nach den Bedürfnissen der Neuzeit. Ohne Verletzung der Miethsrechte hätte sich dieser Kulturaufschwung schwer durchführen lassen. Im Osten lag dies Bedürfniss aus bekannten Gründen weniger vor; daher dort der Satz „Kauf bricht Miethe" gar kein Verständnis findet. Allein auch im Westen des Vaterlandes hat er seine culturgeschichtliche Aufgabe erfüllt; ein anderes Recht sollte ihn ersetzen, am Besten das oben geschilderte wahre römische Recht; im Nothfalle lässt sich aber auch mit dem preussischen Rechte auskommen, das sicherlich unter dem Drucke der öffentlichen Meinung noch Anerkennung finden wird.

Eine besondere Beachtung hat auch des Vermiethers gesetzliches Pfandrecht an den eingebrachten Sachen des Miethers gefunden (§ 521)[1]). Der Vorschlag es auch auf solche eingebrachte Sachen auszudehnen, welche dem Miether nicht gehören, hat nur hinsichtlich des Vermögens seiner Frau und seiner Kinder den Beifall des Juristentags gefunden[2]).

In der Gebrauchsleihe (§§ 549 ff.) sind commodatum und precarium verschmolzen. Hiernach gilt das Recht des Commodats auch bei Sachen, die einem anderen zur beliebigen, eigenthumsähnlichen, aber jederzeit widerruflichen Benutzung hingegeben sind und die Empfänger solcher Leihe werden in Zukunft nicht blos für grobes, sondern für leichtes Versehen einstehen müssen (§ 558). Dasselbe gilt wohl von den im Entwurfe nicht erwähnten precaristischen Verhältnissen, bei denen Jemand einem andern auf Widerruf die Mitbenutzung einer Sache gestattet, die der Gestattende selbst nicht aus der Hand giebt, so wenn eine Person ihrem Stubengenossen erlaubt, auf ihrem Clavier mitzuspielen, die ihr gehörige Kleiderbürste zu benutzen, oder wenn jemand gestattet, dass

---

[1]) Vgl. Cohn und Boyens, in den *Gutachten a. d. Anwaltstande*, S. 159 ff. u. 723 ff.
[2]) *Verhandlungen d. 20ten d. Juristentags*, Bd. 4, S. 204. Vgl. die Gutachten von Thomsen u. Lewinsohn, Bd. 3, S. 152 ff., 207 ff.

ein fremder Wanderer des Nachts in seinem Hause schläft. Für solche schenkungsähnliche Verhältnisse würde eine weniger strenge Haftung mindestens begreiflich sein.

Der „Dienstvertrag" des Entwurfs (§§ 559—566) ist weit weniger wegen dessen angefochten, was bestimmt ist, als was man zu bestimmen unterliess[1]). Dass mit dem Wegfall der Sklaverei hier eine grosse Lücke entstanden ist, die ausgefüllt werden muss, ist zweifellos. Der Entwurf rechnet dabei offenbar auf Ergänzung durch das Reichsrecht, das neben ihm in Geltung bleiben soll, namentlich die Reichsgewerbeordnung, die Handelsgesetzbuchs-Vorschriften über Handelsgehülfen und die im Flusse begriffene Arbeitergesetzgebung, deren Endziel noch niemand vorhersehn kann.

Die Werkverdingung (locatio, conductio operis) ist als „Werkvertrag" (§§ 567 ff.) dem Kaufe gegenüber in gleicher Weise abgegrenzt, wie nach römischem Rechte, d. h. wer den Stoff neben der Arbeit liefert, ist Verkäufer, nicht Werkmeister (§ 568). Dies ist nicht unangefochten geblieben[2]). Bedenkt man aber, dass mit dem Verkaufe oft Arbeiten an der Waare verbunden sind, z. B. Verpacken des verkauften Gegenstands, Aufstellen der verkauften Maschine u. dergl., und dass die Grenze zwischen solchen Handlungen und den wirklichen Arbeitsleistungen eine verschwimmende ist, so wird man zugestehen müssen, dass der römische Grundsatz, der bei der entgeltlichen Lieferung verarbeiteter Stoffe ein für alle Mal Kauf annimmt, jedenfalls der Rechtssicherheit dienlich ist. Dass die vom Werkmeister gelieferte Arbeit nur dann bezahlt wird, wenn der Besteller sie abgenommen hat, nicht aber auch dann, wenn sie fertig und tadellos war, aber vor dem Empfange zu Grunde gegangen ist, ist eine Abänderung des römischen Rechts, deren Härte nur durch den

---

[1]) Vgl. namentlich **Menger**, *das bürgerliche Recht und die besitzlosen Volksklassen*, S. 104 ff.

[2]) Dagegen namentlich aus wirthschaftlichen Gründen: **Ehrenberg**, *Jahrbücher f. Dogmatik*, Bd. 27, S. 253 ff.

Gedanken gemildert wird, dass ihr Anwendungsgebiet ein geringes ist.

Dem Werkmeister wird für Lohn und Auslagen ein Pfandrecht an den von ihm bearbeiteten beweglichen Sachen gewährt (§ 574). Dies nach dem Vorbilde des französischen Rechtes auf unbewegliche Sachen auszudehnen, beantragte zu Stuttgart [1]) ein Ausschuss des Innungsverbandes Deutscher Baugewerkmeister. Dagegen erklärte sich wider diese (voraussichtlich nicht sehr bedeutsame) Neuerung eine Abtheilung des 20ten d. Juristentags, freilich nur mit der Mehrheit einer einzigen Stimme [2]).

Nicht ohne Grund ist tadelnd hervorgehoben worden [3]), dass der Entwurf bei den entgeltlichen Dienstleistungen zwischen höheren und niederen Dienstleistungen nicht unterscheidet. Man hält freilich neuerdings auch diese Unterscheidung für eine plutokratische Schrulle der Römer, die nicht zugeben wollten, dass auch das Honorar nur ein Arbeitslohn ist. Allein noch jetzt besteht der Unterschied zwischen höheren Diensten, denen sich die Eigenart ihres Urhebers aufprägt, und den niederen, die unter sich gleichwerthig sind, mögen sie vorgenommen werden sein, von wem sie wollen. Er mag mit der Sklaverei im Zusammenhang gestanden haben, aber er ist nicht mit ihr weggefallen. In Wahrheit sind die Mandatsvorschriften für das Versprechen höherer Dienste noch heute passend, namentlich das freie Rücktrittsrecht gegen Ausgleichung des verursachten Vermögensschadens, welches eine Realexecution zur zwangsweisen Herstellung eines Kunstwerks unmöglich macht, und die Aufhebung des unausgeführten Vertrages beim Tode des Bestellers. Nicht blos aus Achtung vor der Würde der Kunst und Wissenschaft, sondern aus Zweckmässigkeitsgründen im Hinblick auf die

---

[1]) Am 4 Septbr. 1888. Vgl. Hilse, in Kohler's *Archiv f. bürg. R.*, Bd. 2, S. 73–80 und in den *Verhdl. des* 20. *D. Juristentags*, Bd. 1, S. 218 ff., daselbst auch Staub, S. 248 ff.
[2]) *Verhdl.*, Bd. 4, S. 238.
[3]) Zuletzt auf dem soeben in Hamburg abgehaltenen Anwaltstage.

Werthlosigkeit der erzwungenen höheren Leistung hätte dies Rechtens bleiben sollen. Durchführbar ist der Unterschied zwischen niedern und höheren Diensten, weil die ersteren mit einem festen Marktpreis versehen sind, die letzteren aber einen Marktpreis nicht zu haben pflegen. Dass die Bezahlung des höheren Dienstes als Entschädigung für Zeitverlust empfunden wird, nicht als Lohn des erreichten Erfolges, hängt hiermit zusammen [1]).

Beim Hinterlegungsvertrage (§§ 614 ff.) ist Entgeltlichkeit als möglich anerkannt, aber nicht bestimmt, woran man im einzelnen Falle bei entgeltlicher Hinterlegung einer Sache erkennen soll, ob ein entgeltlicher Hinterlegungsvertrag oder eine Lagermiete vorliegt. Hoffentlich wird die Praxis stets das letztere Geschäft annehmen und dem entgeltlichen Hinterlegungsvertrag, diesem Kinde einer unzulänglichen Quellenexegese, nur ein rein theoretisches Dasein übrig lassen.

In der Ordnung des Gesellschaftsvertrages (§§ 629 ff.), dessen Anlehnung an das römische Recht [2]) besonders scharf angefochten worden ist [3]), ist dem Inhalte des Handelsgesetzbuches insofern eine Ausdehnung zu theil geworden, als die Gesellschafter auch ausserhalb des Handelsrechts die Befugniss erhalten sollen, sich dem Rechte der offenen Handelsgesellschaft zu unterwerfen.

Die Thatsache, dass der Staat, seitdem man der römischen Processwetten nicht mehr bedarf, an der Klagbarkeit der Wette in keinem höheren Maasse interessiert ist, als an derjenigen des Spiels, ist vom Entwurfe mit Recht anerkannt worden (§ 664). Indem er zugleich die Rückforderung bezahlter Wett- und Spielschulden verbietet, bringt er die

---

[1]) Für die gebührende Schätzung der höheren Leistungen insbesondere Löwenfeld in den *Gutachten aus dem Anwaltstande*, S. 858 ff.

[2]) Vgl. insbesondere über das „Einstimmigkeitsprincip": *Motive*, Bd. 2, S. 602.

[3]) Gierke, *der Entwurf*, S. 252 ff.; *Personengemeinschaften und Vermögensinbegriffe*, S. 95 ff. Boyens, in den *Gutachten aus d. Anwaltstande*, S. 1015 ff.

Gebote des Rechts und des Anstands mit einander in Einklang.

In dem Bürgschaftsrechte (§§ 668 ff.) sind fidejussio und constitutum debiti alieni unter einander und mit dem Creditauftrage verschmolzen, „soweit nicht ein anderer Wille der Vertragschliessenden erhellt" (§ 680). Das beneficium excussionis (§§ 674 ff.), das dem römischen Recht entnommen ist, ist Gegenstand eines Angriffs geworden ¹).

Von grösster Bedeutung ist die gesetzliche Anerkennung des sogenannten „Schuldversprechens" (§ 683). Dies ist, wie der Entwurf definiert, ein Versprechen, bei dem ein besonderer Verpflichtungsgrund nicht angegeben (oder nur im Allgemeinen bezeichnet) ist. Hierzu ist zu bemerken, dass strenge genommen solche Versprechen überhaupt nicht vorkommen. Leute, die bei gesunden Sinnen sind, geben immer unter sich den Verpflichtungsgrund an, sofern sie einen Schuldvertrag schliessen, etwa mit alleiniger Ausnahme des Versprechens aus der Anweisung, bei dem der angewiesene Schuldner und der Empfänger seines Schuldversprechens durch Hervorhebung der Thatsache, dass jeder im Hinblicke auf das Vermögen des anweisenden Dritten handelt, die Art ihrer Beziehungen zu diesem Dritten verhüllen können. Das abstrakte Versprechen ist also nicht ein solches, dessen Grund *bei der Abrede* verhüllt bleibt, sondern dessen Grund bei *einer etwaigen späteren Klage* auf Erfüllung soll verhüllt bleiben dürfen. Die Praxis wird wohl in diesem Sinne den Gesetzestext auszulegen wissen.

Da die Vorschriften über die Vorbedingungen einer gültigen Klage öffentlichen Rechtes sind, so würde ihre Ausschliessung durch die geschilderte Abrede ohne besondere Gesetzesvorschrift nicht gültig sein, obwohl das Gegenteil in neuerer Zeit längst herrschende Meinung geworden ist. Um bei dieser schwierigen Streitfrage keiner Partei Unrecht

---

¹) Von Unger, der es nach deutschen Rechtsanschauungen für überflüssig hält: *Jahrb. f. Dogm.*, Bd. 29, S. 1—26. *Zur exceptio divisionis.* Vergl. Sokolowski in der *Zeitschrift der Savigny-Stiftung*, Bd. 11, S. 278 ff.

zu thun, muss man zunächst auf das römische Recht blicken. Dieses gab aus der cautio indiscreta eine Klage und verurtheilte, falls der Verklagte keinen glaubwürdigen Widerspruch gegen den Schein erhob. Geschah dies, so fiel die Beweislast auf den Kläger; er musste den Schuldgrund nachweisen. Es ist das zwar bestritten; allein ohne diesen Satz wären die vielen Verbote wucherlicher und anderer unerwünschter Verträge praktisch völlig werthlos gewesen. Da der Wucherer sich ohne Zeugen einen Schuldschein ausstellen zu lassen pflegt, so würde sein Opfer eine Gesetzesvorschrift, welche ihm gegen abstracte Schuldscheine ein Anfechtungsrecht gewährt, als eine brauchbare Hilfe nicht empfinden [1]). Da die herrschende Meinung hiervon nichts wissen will, so ist es auch nicht verwunderlich, dass der Entwurf in dem abstrakten Schuldscheine den Wucherern eine neue Waffe in die Hand drückt [2]). Das würde nicht möglich sein, wenn nicht in der vom Entwurfe angenommenen Lehre ein wahrer Kern läge, nämlich ein Widerspruch gegen unsere strengen (nachrömischen) Klagebegründungsschriften, welche bei der cautio indiscreta schon in der Klageschrift einen Nachweis des Schuldgrunds verlangen. Den unangefochtenen Schuldschein ohne Schuldgrund wird man in Zukunft als zureichenden Klagegrund ansehen dürfen; darin liegt ein Fortschritt. Wird aber der Einwand des fehlenden oder unerlaubten Schuldgrunds erhoben, so wird nunmehr die Beweislast darüber, wie es sich mit dem Schuldgrunde verhält, auf den Verklagten fallen, und dies wird ein empfindlicher Nachtheil sein. So soll z. B. das abstrakte Versprechen, wenn es eine Schenkungszusage in sich birgt, nach § 440 an deren Form gebunden sein. Diese Vorschrift wird jedoch nur dann wirksam sein können, wenn nicht dem Schuldner die meist unerschwingliche Beweislast darüber,

---

[1]) Gierke, *der Entwurf*, S. 226.
[2]) Dagegen auch der in v. Kirchenheim's *Centralblatt*, Bd. IX, S. 131, unter nr. XII abgedruckte Beschluss des preussischen Landes-Oekonomie-Kollegium.

dass dem einfachen Schuldversprechen eine Schenkung zu Grunde lag, aufgebürdet wird.

Auch in dem Schuldversprechen auf den Inhaber (§§ 685 ff.)[1]) hat die herrschende Lehre einen Triumph gefeiert. Die Creationstheorie ist anerkannt, die Schuldverschreibung soll verpflichten, nicht das Versprechen, das in der Ausgabe liegt. Dass diese Gestaltung der Dinge übrigens nicht blos vom theoretischen, sondern auch vom praktischen Standpunkte schweren Bedenken unterliegt, hierüber möchte der Verfasser auf die neueste Auslassung seines sehr verehrten Herrn Collegen Heinrich Lehmann (Professor in Marburg) verweisen[2]).

In der Lehre von den unerlaubten Handlungen[3]) bewegt sich die Reichsgesetzgebung in der Hauptsache in den richtigen Bahnen. Zunächst stellt sie einige allgemeine Lehren auf, die zum Theil über die Grenzen des Gesetzgebungsbefehls in das Gebiet unwandelbarer psychologischer Erscheinungen, welche vom Gesetzgeber nur beobachtet, aber nicht beeinflusst werden können, hinüberreichen.

Die Frage, was eine Uebelthat (oder widerrechtliche Handlung) ist, ist merkwürdiger Weise nur halb beantwortet. Es ist nämlich in § 705 mitgetheilt, dass die schädliche Handlung gegen die guten Sitten „auch" als widerrechtliche Handlung gelten soll; was aber sonst, also in erster Linie dafür zu gelten hat, darüber ist geschwiegen.

Die Delicte werden in vorsätzliche und fahrlässige eingetheilt. Dolus malus ist also hier (§§ 704 ff.) als Vorsatz übersetzt[4]), nicht als „boshafter Vorsatz". Vielleicht wird die

---

[1]) Vgl. hierzu Koch, *Geld und Werthpapiere*, 1889, S. 36 ff. — S. Jacoby, in den *Annalen des Deutschen Reichs f. Gesetzgebung u. s. w.*, 1888, S. 585 ff.

[2]) *Festgaben der juristischen Facultät zu Marburg für Georg Wilhelm Wetzell*, Marburg, Elwert 1890, S. 285 ff.

[3]) Vgl. O. Schmidt, in den *Gutachten aus dem Anwaltstande*, S. 1183 ff.

[4]) Vgl. hierzu von Liszt, *Beiträge*, 5tes Heft, § 4, S. 14 ff.

Praxis hier durch einschränkende Auslegung nachhelfen. Es giebt bekanntlich auch ein vorsätzliches Unrecht aus Edelmuth, z. B. wenn die Schwester eines Physiologen einen Vogel aus Mitleid wissentlich davon fliegen lässt, um ihn den Qualen der Vivisektion zu entziehen [1]). Wenn der Gesetzgeber derartige Fehlgriffe als Schlechtigkeiten und nicht als Willensschwächen behandelt, so macht er sich derselben Gefühlshärte schuldig, welche zu bekämpfen seine Berufspflicht ist. Die schwierige Frage, ob zur verschuldeten Schädigung auch eine Voraussehbarkeit des Schadens gehört, ist im Entwurfe (§ 704) in einer so wenig klaren Weise beantwortet, dass die getroffene Bestimmung auf einen erheblichen praktischen Einfluss nicht würde rechnen können. Es soll nämlich in der Regel nur auf Voraussehbarkeit der Entstehung, nicht des Umfangs des Schadens ankommen, ausnahmsweise aber auch auf die erstere nicht, wenn schuldhafter Weise „das Recht eines Anderen verletzt ist" (§ 704). „Als Verletzung eines Rechts im Sinne der vorstehenden Vorschrift ist auch die Verletzung des Lebens, des Körpers, der Gesundheit, der Freiheit und der Ehre anzusehen". Hier befremdet es, Güter, die das Staatsgebot nicht zu geben vermag, wie Leben und Gesundheit, als „Rechte" bezeichnet zu sehen. Im Grossen und Ganzen wird also zum Begriffe der Schuld Vorhersehbarkeit des thatsächlich eingetretenen Schadens nicht verlangt. Was allerdings z. B. ein Bahnwärter, der aus Schlaftrunkenheit eine Weiche falsch gestellt und eine Entgleisung verursacht hat, vorhersehen konnte, war nur ein unbestimmtes Nebelbild des Eisenbahnunglücks, ein Chaos von zertrümmerten Wagen, zerbrochenen Gliedern, getödteten Menschen und Thieren und dergleichen. Wann und wie die Entgleisung stattfinden werde und mit welchen Folgen, konnte er nicht genau wissen; was er aber immerhin vorhersehen konnte, war eine unendliche Menge möglichen Unheils und er sollte nur für dasjenige haften, was inner-

---

[1]) L. 7 § 7 Dig. de dolo malo 4, 3.

halb dieser als möglich denkbaren Unglücksmasse liegt. Insofern also hätte die Vorherschbarkeitslehre allerdings eine Anerkennung verdient.

Dem heutigen gemeinen Recht entspricht die grundsätzliche Beseitigung der actiones, quae poenam persequuntur. Die Strafklagen sind fallen gelassen. Sie sind allmählich verschwunden, vermuthlich nicht ohne Einfluss des Moralgebotes, das die Rachsucht verwirft. Nur soweit die Privatstrafe in besonderen Reichsgesetzen unter dem Namen der Busse fortlebt, ist sie beibehalten (§ 721).

Wenn alle Schadensersatzansprüche in 3 Jahren nach dem Vorbild des preussischen Rechts verjähren (§ 719), so lässt sich dies aus demselben Grunde rechtfertigen, der oben für die blos einjährige Anfechtbarkeit der durch Trug und Zwang veranlassten Geschäfte angeführt wurde. Dass die Bereicherungsansprüche länger dauern sollen, als die Ersatzklagen, ist eine Art Nachbildung des bei der actio doli gültigen römischen Rechts.

Der Titel, welcher die Ueberschrift trägt „einzelne unerlaubte Handlungen" (§§ 722 ff.). enthält nur einige Anweisungen für Schadensersatzberechnungen in gewissen zweifelhaften Fällen, Tödtung, Körperverletzung, nicht aber etwa nach Art der Pandektenlehre die einzelnen haftbarmachenden Delicte. Vielmehr ist mit dem römischen Rechte, das aus verschiedenen Uebelthaten verschiedene Ansprüche gab, gebrochen und der naturrechtliche Satz, den auch schon das preussische Recht aufstellte, dafür eingetauscht. dass jede widerrechtliche Handlung ersatzpflichtig macht. Hinsichtlich der böslichen Uebelthaten ist dies sicherlich ein Fortschritt. Es war ein Misstrauen gegen den Richter, welches die Römer erst spät dahin führte, die actio doli als „everriculum malitiarum" wenigstens subsidiär zuzulassen. Jetzt hat sie gewisser Maassen alle ihre Vorgänger in sich verschlungen.

Dass dagegen die actio legis Aquiliae von den Verletzungen und Entziehungen der körperlichen Gegenstände auf alle Vermögensschädigungen erweitert ist, entspricht zwar einem natürlichen Gefühl, nicht aber der von der Sachkenntniss geleiteten höheren Einsicht. Dass wir alle fortwährend in einer gewissen Schuld uns fortbewegen, von Uebereilung in Säumniss stürzen und umgekehrt, kann nur derjenige läugnen, der sich in den Anforderungen gegen sein Gewissen durch unerfreuliche Genügsamkeit auszeichnet. Dass wir nun durch unsere Schuld fortwährend mehr oder weniger Schaden anrichten, der sich schliesslich häufig in baarer Münze geltend macht, steht gleichfalls fest. Man denke nur an den verhängnissvollen Einfluss schlechter Bücher, böser Beispiele, verkehrter Rathschläge u. dergl. Soll all solche Schuld ersatzpflichtig machen? Das wird die Praxis nun und nimmermehr annehmen, auch wenn es bestimmt sein wird. Dazu kommt, dass das verschuldete Unglück oft fortzeugend neues gebiert. Aus der von uns verschuldeten Vermögensverletzung des Nachbarn kann sich sein Selbstmord, aus diesem der Untergang seiner Kinder entwickeln und so fort. Die Voraussehbarkeit des Schadens vermag hier keine Grenze zu ziehen, und auch der „blos mittelbare" Schaden, von dem man gesprochen hat, ist ein praktisch werthloses Wort, dem kein genau bestimmbarer Begriff entspricht. Das römische Recht zog hier eine feste Grenze, indem es einen sichtbaren beschädigten oder entzogenen Gegenstand als Vorbedingung der Ersatzpflicht voraussetzte; das zukünftige Reichsrecht überlässt hier die unvermeidliche Abgrenzung dem richterlichen Ermessen, woraus eine gewisse Rechtsunsicherheit entstehen kann. Ersatzklagen leichtsinniger Kläger, die ihr Glück versuchen, und muthloser Verzicht auf wohlbegründete Schadensersatzansprüche würden sich in Folge dessen möglicher Weise häufig einstellen.

Dass die obligationes quasi ex delicto so gut wie gänzlich beseitigt sind, ist mit Recht beklagt worden. Unschuldige sollte das Recht ausnahmsweise dann haften lassen, wenn diese Haftung einerseits nicht allzu beschwerlich, andererseits aber durch ein allgemeines Interesse erwünscht ist. Statt dessen ist die strenge Haftung Unschuldiger bei der sogenannten actio de effusis vel dejectis zu einer blossen Vermutung zu Ungunsten der Leute, aus deren Wohnung etwas herausgegossen oder geworfen worden ist, abgeschwächt (§ 729), und im gleichen Sinne ist auch der Fall der römischen actio de positis vel suspensis der Veraltung wieder entrissen worden (§ 733). Auch den Inhabern von Thieren ist ihre Haftung, namentlich gegenüber dem strengen französischen Rechte, sehr leicht gemacht; sie sollen nur für eigene Verschuldung haften (§ 734), nicht wie nach römischem Recht für ungewöhnliche Wildheit des Thieres, deren Folgen vom Verletzten nicht erwartet und daher nicht vermieden werden konnten (sogenannte Gefährlichkeit contra naturam sui generis).

Die cautio damni infecti soll dadurch ersetzt werden, dass (§ 735) jeder Hausbesitzer sein Gebäude erhalten muss und für die Folgen eines Einsturzes haftet. Dadurch wird den Besitzern werthloser Ruinen, die durch ihren Einsturz ein kostbares Nachbarhaus bedrohen, eine oft unerschwingliche Last auferlegt, vor der sie sich durch Preisgeben des werthlosen Bauwerks bei Zeiten werden sichern müssen.

Die römische Haftung des Richters, qui male judicavit, ist, dem neueren deutschen Rechte entsprechend, in doppelter Veränderung beibehalten (§ 736). Einmal ist sie auf alle fahrlässigen Amtshandlungen auch nichtrichterlicher Beamten ausgedehnt und zweitens nach dem Vorbilde des Deutschen Rechtes für die Rechtsprechung erleichtert worden (§ 736, 3). Sie soll bei Pflichtverletzung im Leiten oder Entscheiden einer Rechtssache nur da eintreten, wo auch das Strafrecht den Pflichtvergessenen eine Haftung auflegt. Der strengere römische Rechtsgrundsatz mag sich vortrefflich bewährt haben, als man die Privatgeschworenen nur aus reichen Leuten wählte und für die Rechtskenntnisse der Urteiler noch keine Gewährleistung in den Staatsprüfungen besass. Uns müsste ein gleicher Druck auf die Richter Angesichts der vielen Schwierigkeiten und Dunkelheiten des Rechts als eine zwecklose Härte erscheinen.

Die obligationes ex variis causarum figuris („Einzelne

Schuldverhältnisse aus anderen Gründen*) haben zunächst der aus dem Entwurf verbannten Klasse der obligationes quasi ex contractu eine Zufluchtsstätte gewährt ¹). Wir finden daher hier die Bereicherung, die Geschäftsführung ohne Auftrag und die Gemeinschaft behandelt. Bei der allgemeinen Haftung für grundlose Bereicherung (§§ 737 fl.) sind einige besondere Fälle ausgezeichnet: die condictio indebiti (die merkwürdiger Weise nach § 738 bei den zu frühe getilgten betagten Ansprüchen ganz wegfallen soll), die condictio ob causam datorum (§§ 742 ff.), die von Neueren sogenannte condictio causa data, causa finita (§§ 745 ff.) und die condictio ob turpem causam (§ 747). Die übrig bleibende condictio sine causa (§ 748) hat somit die condictio ob injustam causam in sich verschlungen ²). Eine auffallende Abweichung vom römischen Recht liegt darin, dass bei diesen Bereicherungsklagen (mit Ausnahme des § 748) nicht von Rückgabe der zur Zeit der Klage vorhandenen Bereicherung die Rede ist, sondern einfach von Rückerstattung des „Geleisteten" (§§ 737, 742, 745, 747). Wer z. B. einem Bräutigam eine Mitgift vor der Hochzeit in baarem Gelde geschenkt hat, wird, wenn die dafür gekauften Möbel unversichert in Flammen aufgehen und die Verlobung sich auflöst, das „Geleistete" verlangen dürfen. Aus dem Satze, dass es unbillig ist, wenn sich jemand mit dem Schaden des anderen bereichere, wird man also in Zukunft diese Klage nicht mehr begründen können. Vielleicht hängt hiermit der Wegfall derjenigen Fälle der negotiorum gestio zusammen, welche man eine „unechte" negotiorum gestio genannt hat, nämlich der negotiorum alienorum gestio sui lucri causa. Die Bereicherungsklage soll hier an Stelle der in den Quellen gewährten Haftung aus der Geschäftsführung ohne Auftrag treten (§ 761).

---

¹) Vgl. zu dem Folgenden Hartmann, in den *Gutachten a. dem Anwaltstande*, S. 323 ff.
²) Eine ausserordentliche Vereinfachung dieser Vorschriften bringt Zitelmann in Vorschlag (*Die Rechtsgeschäfte im Entwurf u. s. w.*, Theil II, S. 185).

In der Lehre von der Gemeinschaft ist der Fortfall des richterlichen Zuschlagsurteils in Theilungsprozessen hervorzuheben (§ 769). Wenn die Parteien sich hinsichtlich der natürlichen Theilung des gemeinsamen Grundstücks nicht einigen, so soll ein Verkauf für ihre Rechnung erfolgen müssen. Alle die Forderungen, die man noch sonst bei den obligationes ex variis causarum figuris zu suchen gewöhnt ist, sind zu den Rechtszweigen gestellt worden, zu deren Unterstützung diese Ansprüche vom Staate gewährt sind. So ist die Ergänzung des Grundeigenthumsrechts durch Ansprüche der Nachbarn unter einander in das Sachenrecht verwiesen (§§ 850 ff.), die Ernährungsansprüche aus verwandtschaftlichen Beziehungen haben im Familienrechte eine Unterkunft gefunden (§§ 1480 ff.). Nur die dem Processrechte als Ergänzung dienende actio ad exhibendum ist der Forderungslehre treu geblieben. Sie erscheint als erster Theil des Titels „Vorlegung und Offenbarung" (§§ 774—777). Die „Offenbarung" erklärt sich daraus, dass ein auskunftspflichtiger Geschäftsführer, der über mehrere Vermögensstücke Rechenschaft zu legen schuldig ist, seinen Bericht durch einen Manifestationseid ergänzen muss. Dieser Eid, den man bei der Verdeutschung unserer technischen Ausdrücke wohl zum „Auskunftseide" hätte stempeln können, hat bereits in der Reichs-Civilprozessordnung den Namen Offenbarungseid erhalten. Der Name klingt für die nüchterne Sache, die er bezeichnet, ein wenig feierlich. Wenn ein Krämer von seinem Lehrling über einige Früchte, die dieser für ihn verkauft hat, eine Auskunft erfragen wird, so wird man die Antwort in der Sprache des Entwurfs eine „Offenbarung" nennen müssen.

Das Sachenrecht (Buch 3)[1] ist in seinem Inhalte weit

---

[1] Vgl. M. Wolff, in den *Gutachten a. d. Anwaltstande*, S. 619 ff. — Cosack, *das Sachenrecht mit Ausschluss des besonderen Rechts der unbeweglichen Sachen im Entwurf*, Berlin 1889.

mehr von den Wandlungen der nachrömischen Rechtsgeschichte beeinflusst, als die Grundsätze des forderungsrechtlichen Verkehrs. Wir finden hier Nachwirkungen der mittelalterlichen Landwirthschaftsverhältnisse wie des bevormundenden Polizeistaates, sowie die Spuren des modernen Creditwesens. In der Anordnung dagegen ist das Vorbild der Pandektenlehrbücher unverkennbar. Der Abschnitt 1. beginnt mit einer allgemeinen Sachenlehre, wie man sie wohl anderweitig auch im allgemeinen Theile der Pandekten als Seitenstück der Lehre von den Personen findet. Hierauf wird der Besitz vor den Rechten abgehandelt, das „thatsächliche Abbild" der dinglichen Rechtsbefugnisse vor dem Urbilde, einem Schatten vergleichbar, den das eigentliche Sachenrecht vor sich herwirft (Abschnitt 2.). Ehe nun im Folgenden die einzelnen dinglichen Rechte durchgesprochen werden, ist im Abschnitt 3. noch ein fernerer allgemeiner Theil aufgestellt: „Rechte an Grundstücken". Er enthält die Hauptgesichtspunkte des Rechtes der unbeweglichen Güter, dessen Scheidung von dem übrigen Sachenrechte eine Errungenschaft der nachrömischen Rechtsgeschichte ist, die wohl ursprünglich aus der politischen Bedeutung des Grundbesitzes die Hauptkraft ihrer Geltung entnahm, später aber als Grundlage und Quelle unseres Creditwesens unentbehrlich wurde.

Hinter dem Eigenthum (Abschnitt 4.) finden wir dort, wo uns die Erinnerung an die Pandektenlehrbücher die emphyteusis und superficies vermuthen lässt, das Vorkaufsrecht (Abschnitt 5.) und das Erbbaurecht an Grundstücken (Abschnitt 6.). Dies erklärt sich daraus, dass ersteres als Surrogat der nicht aufgenommenen Erbpacht betrachtet wird, letzteres aber eine verkümmerte superficies ist. Dass in die Aufzählung der dinglichen Rechte hinter den Dienstbarkeiten (Abschnitt 7.) die Pfandrechte aufgenommen (Abschnitt 9.) und vor ihnen die Reallasten (Abschnitt 8.) eingeschoben sind, erklärt sich aus der Auffassung des dinglichen Rechts, sie dem Entwurfe vorschwebt und die nicht ohne Anfechtung geblieben ist. Will man unter den dinglichen Rechten nur solche Befugnisse verstehen, bei deren Ausübung der Berechtigte die dienende Sache anfasst oder betritt oder doch wenigstens (wie im Balkenrecht) durch eine dauernde Anstalt berührt, so sind nicht blos die besitzlosen Pfandrechte, sondern auch die servitutes prohibendi aus diesem Begriffe auszuscheiden; will man unter dem dinglichen Recht ein nach allen Seiten geschütztes Verhältniss zu einer Sache verstehen [1], so würde es keine actiones in personam in rem scriptae geben können. In Wahrheit aber ist das Merkmal der Dinglichkeit in Bezug auf bestimmte körperliche Sachen sehr wohl zu finden und in etwas ganz Anderem zu suchen, nämlich in der Wirkung des verbietenden Rechtsbefehls, welcher den Berechtigten schon jetzt nach allen Seiten sichert, und in dem dauernden Einflusse, den dieser Befehl auf die Schicksale der Sache hat. Jeder Rechtsbefehl beeinflusst freilich zunächst nur Menschen, nicht Sachen, denn nur Menschen können ihn vernehmen und befolgen; allein indem sie es thun, erleidet die Sache ganz andere Schicksale, als ohnedies der Fall sein würde, z. B. ein Platz bleibt wegen einer Aussichtsgerechtigkeit unbebaut. Das Recht drückt hemmend auf die Seele des sonst baulustigen Platzeigenthümers und somit auch auf den Platz, von dem es das Gebäude fernhält, das sich ohne jenes Recht auf ihm erheben würde. Aus diesem Gesichtspunkte beeinflusst auch die Hypothek die Schicksale ihres Gegenstandes; sie zerstört z. B. Verkaufsgelegenheiten oder Baupläne, welche ohne ihr Vorhandensein verwirklicht werden würden. In diesem Sinne ist der Begriff des dinglichen Rechts genau festgehalten worden.

Auch noch in einer andern Richtung hat sich der Entwurf bei der Unterscheidung der persönlichen und dinglichen Rechte nicht irre machen lassen, indem er das jus ad rem, wie es das Preussische Landrecht der Wissenschaft seiner

---

[1] So Fuchs, *Das Wesen der Dinglichkeit*, Berlin 1889.

Zeit entnommen hatte, verwarf [1]. allerdings nicht ohne Widerspruch zu finden [2]. Es handelt sich bei dieser Zwischenbildung um den Anspruch auf bestimmte Sachen (z. B. auf einen erkauften Gegenstand) und darum, dass ein Dritter, der in Kenntniss dieses Anspruchs die Sache vom Schuldner erwirbt, dem hierdurch Beeinträchtigten wegen seiner Beihülfe zum Vertragsbruche des Schuldners haften soll. Aus den allgemeinen Sätzen über „dolus" lässt sich — wenigstens nach der herrschenden Lehre — eine solche Haftung nicht herleiten. Will man sie anordnen, so kann man dies jedenfalls durch Schöpfung einer besonderen Delictsforderung in einfacherer Weise bewirken, als durch die Annahme eines Mittelding zwischen persönlichen und dinglichen Rechten.

Neben den Sachenrechten fehlen die sonstigen durch all- oder vielseitige Befehle geschützten Rechte, nämlich die Rechte zur ausschliesslichen Benutzung bestimmter Erwerbsquellen, das geistige Eigenthum, das Recht an Photographien und Bildwerken u. s. w. [3]). Diese ganze, im Wesentlichen nachrömische Rechtsgruppe der allseitig geschützten Erwerbsrechte ist den besondern Reichsgesetzen überlassen geblieben, auf denen ihr Schutz beruht. Hier hätte freilich eine Zusammenfassung vereinfachen und für die weitere Rechtsentwicklung dieser monopolartigen Erwerbsvorrechte eine feste Grundlage schaffen können.

Wenden wir uns nunmehr dem Sachenrechte des Entwurfs im Einzelnen zu.

Die in Abschnitt 1. vorangeschickte allgemeine Lehre von den Sachen, welche von den rechtlich wichtigen Sacheigenschaften der Dinge handelt, kann ihren lehrhaften Charakter

---

[1]) Vgl. hierzu *Motive*, Bd. 2, S. 5, 281, 384.
[2]) Vgl. die Schrift von W. Kindel, *das Recht an der Sache*, Breslau 1889, welche sich mit den grundlegendsten Sätzen unserer Pandektendoktrin in einen schroffen Widerspruch setzt.
[3]) Auch hinsichtlich des Wasserrechts ist eine Ergänzung des Entwurfes vorgeschlagen von Metz, in den *Gutachten aus dem Anwaltstande*, S. 955 ff.

nicht verleugnen. Wenn irgend etwas eine blosse Betrachtung ist und kein Befehl, so sind es die Begriffsbestimmungen der Vertretbarkeit, Beweglichkeit und ähnlicher Dinge. Man vergleiche z. B. § 781, Absatz 1: „Unbewegliche Sachen sind die Grundstücke". Merkwürdig ist auch, dass z. B. nach dem Wortlaut des Entwurfs in einer Kunsthandlung die dort verkäuflichen Marmorstatuen als verbrauchbare Sachen gelten müssten [1]), was doch offenbar nur in ganz bestimmten Beziehungen wahr sein soll, z. B. insofern, als ein Niessbrauch an einem solchen Handlungsgeschäfte dem Berechtigten die Veräusserung derartiger Stücke gestatten soll.

Im Begriffe des Zubehörs (Pertinenz) sieht der Entwurf nichts, als ein Mittel zur Auslegung von Rechtsgeschäften (§ 790), d. h. was von der Hauptsache bestimmt ist, gilt im Zweifel auch vom Zubehör. Dies ist mit Lebhaftigkeit angefochten worden, freilich, ohne dass m. E. dieser nüchternen Auffassung eine gleich brauchbare abweichende Lehre entgegengestellt worden wäre [2]). Bei der Definition des § 792: „Früchte einer Sache sind die Erzeugnisse der letzteren und diejenige sonstige Ausbeute aus derselben, deren Gewinnung zur bestimmungsmässigen Nutzung der Sache gehört" ist offenbar vergessen worden hervorzuheben, dass es sich nur um eine solche Ausbeute handeln kann, die von Zeit zu Zeit in gleicher Art wiederkehrt [3]). Omnis definitio periculosa.

Das schon oben besprochene Streben des Entwurfes nach einem möglichst vielseitigen Schutze des redlichen Dritten

---

[1]) § 780, 2. „Als verbrauchbare Sachen gelten auch diejenigen beweglichen Sachen, welche zu einem Sachinbegriffe gehören, dessen bestimmungsmässige Nutzung in der Veräusserung der einzelnen Sachen besteht."
[2]) Vgl. hierzu Kohler, in Jhering's Jahrb., Bd. 26, S. 23 ff. — Die Gutachten von Hachenburg und Kohler, in den Verhandlungen des 20ten d. Juristentags, Bd. 3, S. 122 ff., 145 ff. — ferner die Verhandlungen, Bd. 4, S. 138 ff.
[3]) Vgl. hierzu Cosack, Das Sachenrecht mit Ausschluss des besonderen Rechts der unbeweglichen Sachen im Entwurfe u. s. w., Berlin 1889, S. 3 und 4.

zeigt sich auch in dem Satze, dass niemand auf seine Befugniss zur Verfügung über ein ihm gehöriges dingliches Recht mit Wirkung gegen Dritte verzichten kann (§ 796). (Dieser Satz hat auch zu der keineswegs unbedenklichen Vorschrift geführt, dass das pactum de non cedendo nicht gelten soll, § 295, 2).

Dass die Vorschriften über Besitz und Inhabung (§§ 797 ff.) nicht allgemeine und unbedingte Anerkennung finden würden, war vorherzusehen [1]). Es ist vielmehr erstaunlich genug, dass auf diesem Gebiete, auf dem ein lebhafter Streit tobt, überhaupt ein geschlossenes Ganze entstanden ist, dessen Stil nicht mit Unrecht besonderes Lob erfahren hat [2]).

Die Verfasser haben in der Besitzlehre die beiden Hauptaufgaben [3]) richtig erkannt. Zunächst mussten Besitzerwerb und Verlust deshalb normirt werden, weil von ihnen eine ganze Reihe anderer Vorschriften abhängen soll, z. B. Eigenthumserwerb durch Erbeutung, Eigenthumsübergang durch Besitzüberlassung u. dergl. mehr. Sodann kam es darauf an, festzustellen, wann und wie der Besitz geschützt werden soll.

Die Entstehung des Entwurfs hat sich hier deshalb unter besonders ungünstigen Bedingungen vollzogen, weil für sie nicht nur das genannte Werk Jhering's noch nicht benutzbar war, sondern auch eine andere vielfach bahnbrechende Darstellung einiger Hauptpunkte der Besitzlehre [4]) so spät erschienen ist, dass von ihrer Beachtung nicht die Rede sein konnte. Es scheint überhaupt, als wolle eine Zeit der Klä-

---

[1]) Vgl. hierzu Wendt, im *Archiv f. civ. Praxis*, Bd. 74, S. 135 ff. — v. Jhering, *der Besitzwille*, Jena 1889 (eine der bedeutsamsten Publicationen der neuesten Zeit), S. 470—534. — Meischeider, *die alten Streitfragen gegenüber dem Entwurfe u. s. w.*, 1889, S. 76 ff.
[2]) Von Reatz, in den *Gutachten aus dem Anwaltstande*, S. 749. Für den Entwurf vgl. Planck, *Archiv f. d. civ. Praxis*, Bd. 75, S. 394 ff.
[3]) Vgl. den Bericht in v. Kirchenheim's *Centralblatt*, Bd. 7 (1888), S. 240.
[4]) Graf Leo Pininski, *der Thatbestand des Sachbesitzerwerbs*, Leipzig 1885, 1888.

rung in diesem Gebiete, dessen Aufgaben für viele der Quadratur des Cirkels gleichstehen, heraufdämmern. Zunächst wird man die Fragen, warum der Gesetzgeber Besitzverhältnisse schützt, und unter welchen thatsächlichen Bedingungen er sie schützt, trennen müssen, und die erstere mit Jhering unbedingt dahin zu beantworten haben, dass dies nicht aus Rücksicht auf den Einzelwillen des Besitzers, sondern aus Rücksicht auf praktische Bedürfnisse des Gemeinwohls geschieht. Was dagegen die zweite Frage betrifft, so haben hier grosse Missverständnisse in Folge verkehrter Quellenübersetzung gewaltet. Wie man in dem „acquirere possessionem corpore" schon längst nicht mehr einen Hinweis auf ein körperliches Betasten oder Betreten des Erwerbsgegenstandes sieht, so wird eine spätere Zeit auch in dem „animus" beim Besitze nicht mehr einen dauernden Seelenzustand des Erwerbers sehen, sondern an eine nach Raum und Zeit bestimmte Erklärungshandlung denken, die, wenn sie erst einmal vorgenommen ist, bis zu ihrem Widerrufe fortwirkt [1]).

Die bisher übliche Eintheilung des Besitzes in „wahren Sachbesitz mit animus domini" und „Detention mit animus alieno nomine rem habendi" entspricht ungefähr den beiden Ausdrücken des Entwurfes: Besitz und Inhabung [2]). Es ist dies aber nur ungefähr der Fall; denn der gemeinrechtliche Sachbesitzer ist allerdings der „Besitzer" des Entwurfs und der gemeinrechtliche sogenannte Detentor heisst nun „Inhaber"; im Uebrigen aber geht der Begriff der Inhabung im Entwurfe noch weiter, er bezeichnet die „thatsächliche Gewalt über die Sache" (§ 797), wie sie der Sachbesitzer noch neben dem Besitzwillen hat, also nicht ein Seitenstück

---

[1]) Vgl. hierzu neuerdings auch Baron, in Jhering's *Jahrb. f. Dogm.*, Band 29, S. 192 ff., der sich in den wesentlichsten Punkten an Jhering anschliesst. Vgl. ferner eine Abhandlung Bekker's in Bd. 30 derselben Zeitschrift: *zur Reform des Besitzrechtes* (während des Druckes dieses Aufsatzes dem Verfasser zugegangen).

[2]) Vgl. über diese Terminologie auch Baron, a. a. O., S. 236.

des Sachenbesitzes, sondern eine Seite seines Thatbestandes. Hiernach wird man auch von einer unwissentlichen Inhabung reden können, die wir z. B. an einem Packet haben, das ein Laufbursche ohne unser Wissen und Willen in unserem Garten hinterlegt hat. Ja, man wird, sofern nicht eine einschränkende Auslegung aushilft, solchen Verhältnissen sogar (nach § 809) einen klageweisen Schutz zusprechen müssen, obwohl der durch sie Begünstigte eines solchen keinesfalls bedarf.

Im Uebrigen sind die Grundgedanken des Besitzesschutzes insofern den römischen Vorschriften über Besitzklagen ähnlich, als der Besitzer keineswegs gegen jede Beeinträchtigung des Besitzes geschützt ist, sondern nur gegen besonders schlimme Formen der Besitzstörungen, im Entwurfe „verbotene Eigenmacht" genannt (§ 814). Den Vorwurf der Besitzstörung braucht sich niemand gefallen lassen, der unbefangenen Sinnes ein fremdes Besitzthum berührt hat. Nur bei einem besonderen Frevel, den der Verletzer beging, ist die strenge Haftung gerechtfertigt. Zu den Störungsfällen, den Sünden des Besitzrechtes, gehören bekanntlich nicht nur gewaltsame und heimliche Antastungen von Sachen, sondern auch der Missbrauch einer bittweisen Ueberlassung einer Sache (des „precario" Hingegebenen). Von dieser letzteren Veranlassung zur Besitzklage spricht der Entwurf nicht; vgl. § 814: „Niemand darf, soweit nicht das Gesetz für besondere Fälle ein Anderes bestimmt, ohne den Willen des Inhabers einer Sache demselben die Inhabung entziehen oder ihn darin stören (verbotene Eigenmacht)". Wer sich hiernach eine verkäufliche Sache z. B. betrügerischer Weise zur Ansicht erbittet und unter Missbrauch des geschenkten Vertrauens sie als sein angebliches Eigenthum zurückbehält, der wird in Zukunft den Vorschriften über Besitzstörungen nicht unterliegen. Dies ist eine Aenderung des Rechts, welche schwerlich ein anderes Bedürfniss befriedigt, als dasjenige nach Vereinfachung der Rechtsvorschriften.

Die beiden Hauptunterschiede der Besitzklagen von den

Rechtsklagen, wie sie das gemeine Recht kennt, sind in den Entwurf aufgenommen; zunächst die grössere Leichtigkeit ihrer Durchführung, welche darin liegt, dass der Kläger keine Einreden aus dem Rechte des Verklagten zu dulden braucht (§ 822), sodann als die unvermeidliche Kehrseite dieser Medaille: der geringere Werth des klägerischen Sieges in Besitzsachen, welcher die Rechtsfrage unberührt lässt. Nur in einem Punkte stimmt der Entwurf weniger mit dem römischen Recht überein, als mit neueren Doktrinen, nämlich in der Ausdehnung des Besitzschutzes auf die blosse Inhabung (§§ 819, 820). Dass der blosse Detentor, welcher die Sache für einen andern besitzt, z. B. ein Miether, wegen Besitzentziehung nicht klagen kann, ist eine zwar herrschende, aber mit gutem Grunde angezweifelte Lehre, dass ihm jedoch bei blossen Besitzstörungen (ohne Entziehung) der Interdictenschutz versagt wird, ist für das gemeine Recht unbestritten. Nun verletzt es allerdings unser Gefühl, dass wir den wohl verständlichen Schutzbedürfnissen eines solchen Menschen in nichts entgegenkommen dürfen, und diesem Gefühle gab der Entwurf nach, indem er es voll und ganz befriedigte. Allein der lebhafte Widerspruch, welchen seine Vorschrift gefunden hat [1]), beweist, wie gering der Werth des blossen Empfindens bei Gesetzgebungsfragen ist. Man bedenke z. B., dass mir nach dem Entwurfe unter allen Umständen das Recht gewahrt bleiben soll, einen Bösewicht, der mich aus meinem Hause herausgeworfen hat, in seinem fehlerhaften Besitze zu stören (§ 820 Absatz 2). Hat nunmehr der Uebelthäter das eroberte Haus an einen Unschuldigen vermiethet oder sonst zur Inhabung überlassen, so ändert dies nach gemeinem Recht meine Störungsbefugniss nicht, da der Miether als solcher wegen Störung keinen Klageschutz haben soll und dem Vermiether die Einrede fehlerhaften Besitzes entgegenstehen würde. Ein gewaltthä-

---

[1]) Vgl. z. B. Meischeider, *die alten Streitfragen*, a. a. O.; v. Jhering, a. a. O.; Bähr, in der *Krit. VJSchr.*, Bd. 11, S. 481 ff.

tiger Eindringling kann sich also nach römischem Recht nicht dadurch gegen Störungen schützen, dass er einen unschuldigen Inhaber in die Sache hineinsetzt. Dies wird sich in unerfreulicher Weise ändern, wenn derartige entweder wirklich oder doch dem Anscheine nach redliche Miether in solchen Fällen werden klagen können. Mehr noch, als gegen Dritte, ist aber auch der Besitzschutz des Miethers wegen Störungen gegen seinen Vermiether misslich. Dieser pflegt auf das Recht, die vermiethete Sache zu berühren oder zu betreten, nicht gänzlich zu verzichten (z. B. nicht soweit er sie zum Zwecke nothwendiger Reparaturen besichtigen will); ob er nunmehr hierin zu weit gegangen ist oder nicht, diese Frage lässt sich in einem Besitzprocesse, der von allen Rechtsfragen grundsätzlich absieht, kaum erörtern. Allein weit mehr, als dieser wenig beachtete Umstand, ist ein anderer wider den Entwurf in's Feld geführt worden. Man hat mit Recht den Schutz des Detentors verschieden beurtheilt, je nachdem jemand meine Sache zu eigenem Vortheile mit Recht besitzt (so der Niessbraucher, Miether, Pächter)[1] oder sie blos als Diener eines andern in seiner Hand hat. Dass ein Gutsinspector oder ein Reitknecht seinen Herrn, der ihm sein anvertrautes Eigenthum entreisst, wegen verbotener Eigenmacht soll verklagen können, das ist ein Ergebniss der Entwurfsbestimmungen, welches entweder im Gesetzestexte oder doch durch eine einschränkende Praxis wird verbessert werden müssen.

Dem Besitzrechte fremd, aber doch ihm einverleibt ist

---

[1] Bähr redet in Anlehnung an die Ausdrucksweise Eck's (Kohler's *Archiv für bürg. Recht*, Bd. 2, S. 118) von „Nutzbesitz" im Gegensatze zum „Eigenthumsbesitze"; v. Jhering, *der Besitzwille*, unterscheidet, S. 510 ff.: 1. das häusliche, 2. das prokuratorische, 3. das momentane Dienstverhältniss; Cosack, a. a. O., S. 5 ff.: Eigenbesitz, Unterbesitz und Gewahrsam; Strohal in den *Jahrb. f. Dogm.*, Bd. 29, S. 336 ff. will neben dem Eigenbesitzer und dem Nutzbesitzer auch noch den auf ein unentziehbares Recht gestützten Verwaltungsbesitzer geschützt wissen.

eine Beweisregel (§ 825). Bei Klagen wegen Entziehung oder Beschädigung einer Sache soll vermuthet werden, dass ihr blosser Besitzer den entzogenen oder geminderten Werth der Sache verlangen darf. Es ist dies ein guter Gedanke, der, wie wir sehen werden, auch in der Gestaltung der reivindicatio strenger hätte festgehalten werden sollen.

IV.

An den Besitz reihten sich, wie wir oben sahen, "allgemeine Vorschriften über Rechte an Grundstücken". Von besonders grossem Einflusse war hier das preussische Recht, sowohl in seinen älteren als auch in den neueren Strömungen. Im Streben, aus den unzulänglichen Verhältnissen des heiligen römischen Reichs deutscher Nation herauszukommen, stand Preussen auch hier in erster Linie. In ihm wirkte die Naturrechtsbewegung, welche den geschichtlichen Ballast über Bord zu werfen einlud, mehr als anderswo. Der Zweifel an der Alleingültigkeit römischer Grundsätze war wohl nirgends von so zerfressender Schärfe, wie dort. Aber auch in unserem Jahrhunderte war Preussen vor allen anderen Staaten bemüht, den wirthschaftlichen Vorsprung Frankreichs vor den deutschen Landen, der sich sehr fühlbar gemacht hatte, so viel wie möglich einzuholen. In dem Streben, den völlig veränderten wirthschaftlichen Verhältnissen, namentlich dem Immobiliarcreditwesen, Genüge zu thun, hat sich die neuere preussische Gesetzgebung vor allen ausgezeichnet [1].

---

[1] Vgl. Krech, *Die Rechte an Grundstücken nach dem Entwurfe u. s. w.*, Berlin 1889.

So ist denn hier der Entwurf, ebenso wie das neuere preussische Recht, dem Streben nach Kapitalsanlage vermöge einer Grundstücksverschuldung allerdings in hohem Maasse entgegengekommen [1]) und hat hierfür in durchgreifenden Sätzen des Immobiliarrechts zunächst eine feste Grundlage gelegt. Dieser dritte Abschnitt hat eine eingehende Ergänzung in dem inzwischen veröffentlichten „Entwurf einer Grundbuchordnung" [2]) gefunden, dessen Bedeutung am Besten mit den eigenen Worten seiner *Motive* [3]) dahin angegeben wird, dass die äussere Einrichtung der Grundbücher durch die Vorschrift des Einführungsgesetzes im Allgemeinen der partikularen Regelung überlassen worden ist, es aber doch unumgänglich erschien, gewisse reichsgesetzliche Anforderungen an sie zu stellen.

Das Grundbuchwesen steht bekanntlich überall auf nachrömischer Grundlage. Sein Formalismus dient weniger der Verkehrssicherheit (dass ein lebhafter Handel mit Grundstücken nicht erwünscht ist, ist unbestritten) als dem Creditwesen, das sich auf der Sicherheit der Grundeigenthumsverhältnisse aufbauen soll. In seinen geschichtlichen Wurzeln mag das Grundbuchwesen freilich mehr der Rechtssicherheit, namentlich der Beseitigung von Beweisschwierigkeiten und der Klarstellung desjenigen Augenblicks, in welchem der Eigenthumsübergang erfolgt, gedient haben, späterhin aber drängten sich andere Gesichtspunkte in den Vordergrund. Das von socialistischer und agrarischer Seite hart angefochtene Creditwesen findet in diesem Grundbuchwesen eine feste Stütze, und man könnte hier in der That von „Kapitalismus" des Entwurfes reden, insoweit als in dem Immobiliarrecht des Entwurfs ein Hauptmittel zur verzinsbaren sicheren Kapitals-

---
[1]) Wider dieses Streben vgl. Schneider, *Ueber die demnächstige Gestaltung des Grundbesitzrechts in Deutschland, insbesondere die Verwirklichung eines Heimstättenrechtes*, Leipzig 1890. Dieselbe Schrift begehrt eine erhöhte Sorge dafür, dass der Grundbuchsinhalt und die wirkliche Besitzlage sich möglichst decken.
[2]) Berlin, Guttentag, 1889.
[3]) A. a. O., S. 19.

anlage gefestigt worden ist. Allein dieser „Kapitalismus" ist eine Erscheinung, die eine unvermeidliche Folge wirthschaftlicher Umwälzungen war und von unserer Privatrechtsordnung schwerlich getrennt werden kann. Sie dient der unumgänglichen Vereinigung der Arbeitsmittel mit der Arbeitskraft. Als der Kapitalist den Arbeiter selbst kaufte, da mochte das Creditwesen nur als eine vorübergehende Aushülfe in wirthschaftlichen Nothlagen in Frage kommen, desgleichen als der Bauer an die Scholle gefesselt in einer sklavenähnlichen Lage sich befand. Seitdem der Arbeiter frei und der Capitalist genöthigt ist, ihm seine überflüssigen Arbeitsmittel anzuvertrauen, bedarf der Credit neuer fester Stützen, damit nicht das angesammelte Capital für die Menschheit nutzlos werde und die Arbeitskraft ohne die Möglichkeit der Bethätigung verkomme. Insoweit unser Creditwesen beides hindert, erweist es sich als eine Grundlage unserer Gesellschaftsordnung. Wohl behaupten deren socialistische Gegner, dass dieser Segen durch Nachtheile überwogen werde, weil er eine unbillige Ausbeutung der arbeitenden Classen mit sich bringt. Wie dem auch sein mag, hier marschirten die Verfasser unseres Gesetzbuches mit gebundener Marschroute. Selbst wenn sie Anhänger der socialistischen Lehre gewesen wären, welche in dem Fortfall der bestehenden Verbindungsform zwischen Arbeitsmittel und Arbeitskraft einen Fortschritt erblicken will und überaus gewagte, unerprobte Ersatzmittel für den bisherigen Rechtszustand für zulässig erachtet, selbst dann würden sie mit der geltenden Rechtsordnung nicht haben brechen dürfen. Der unverkennbare Wunsch ihrer Auftraggeber verbot ihnen dies nicht minder, als der Gedanke an die Unmöglichkeit, für sozialistische Reformpläne die Zustimmung der Gesetzgebungsträger zu erreichen [1]). Ihre Aufgabe war daher hier nicht eine Neuordnung, sondern eine Abklärung von Zweifeln und Rechtsverschiedenheiten. So

---

[1]) Etwas anderes ist die Frage, ob es nicht möglich wäre, die Härten unseres Verschuldungswesens durch das sog. Heimstättenrecht zu mildern; vgl. hierzu die angeführte Schrift von Schneider.

erklärt es sich, warum hier mehr als sonst feste, unbeugsame Grundsätze aufgestellt sind, ein modernes „jus strictum", dessen Strenge und Härte sich von den milden Grundsätzen des spätrömischen Rechts scharf abheben, wie auf einem alterthümlichen Gebäude ein in neuerem Baustile errichteter Thurm.

Ein Bruch mit den spätrömischen Rechtsgrundsätzen liegt aber namentlich in der grundbuchrechtlichen Begünstigung der abstracten Verträge. Die dinglichen Verträge des zukünftigen deutschen Grundbuchrechtes sollen (§ 829), wie überhaupt alle dinglichen Verträge, durchaus abstract sein [1]), dafür sollen sie aber zur Gültigkeit der Eintragung bedürfen (Eintragungsprincip) und nicht als blosse einseitige Erklärungen des Belasteten dem Grundbuchamte entgegentreten, sondern als gegenseitig gebilligte Anordnungen, also als Verträge (§ 828, sog. Konsensprincip). Nur der Verzicht auf eingetragene Rechte wird — in der Regel — in blos einseitiger Form vor dem Grundbuchamte zugelassen (§ 834), um entweder sogleich oder durch Eintragung wirksam zu werden. Hierbei ist auch die Zulassung einer einseitigen Verzichterklärung auf das Eigenthum angeordnet, eine Vorschrift, die wohl weniger einem praktischen Bedürfnisse genügen sollte, als einem theoretischen Streben nach vollständiger Berücksichtigung aller denkbaren Fälle.

Dass das Grundbuch öffentlichen Glauben haben soll (§ 826, Grundsatz der Publicität), entspricht seinem eigentlichen gegenwärtigen Hauptzweck: diejenigen zu sichern, welche an dem Grundstücke ein Recht erwerben wollen, sei es nun, dass es für sie bestellt werden soll oder sei es, dass sie ein bestehendes in ihr Vermögen aufzunehmen wünschen. Sofern sie nicht die Unrichtigkeit des Grundbuches kennen, also eines

---

[1]) Vgl. *Motive*, Bd. 2, S. 3. Einen Freund findet dieses allgemeine Princip in Krech, *die Rechte an Grundstücken nach dem Entwurf u. s. w.*, Berlin 1889, S. 13; Gegner in Wendt, *Jahrb. f. Dogmatik*, Bd. 29, S. 35 ff. und Klöppel, in den *Beiträgen* u. s. w., Bd. 32, S. 644 ff.

Schutzes gegen dieselbe nicht bedürfen, sollen sie sich auf dessen Inhalt verlassen können. So wird der fälschlich eingetragene Eigenthümer einem redlichen Gläubiger gültige Hypotheken bestellen können, und der Geschädigte wird auf eine Ersatzforderung nur gegen ihn, nicht gegen den redlichen Erwerber, angewiesen sein (§§ 837 ff.).

Dass für die Eintragungen dinglicher Rechte der Grundsatz „prior tempore potior jure" beibehalten wurde (§ 840), bedarf keiner Rechtfertigung. Ohne ihn wären alle Pfandrechte gegenüber der Gefahr weiterer Verpfändungen völlig werthlos. Dagegen hat zu vielfachen Beschwerden [1]) die Vorschrift (§ 841) Anlass gegeben, welche die Abtretung des Vorrechts eines vorstehenden Pfandgläubigers an einen nachstehenden regelt (Prioritätscession). Es ist dies mehr als ein blosser Austausch zweier hinter einander stehender Hypotheken, weil bei ihm an die Stelle des begünstigten Rechts ein ganz anderes treten soll. Zu solchem durchaus nicht seltenen Geschäft soll nicht blos Eintragung seines Inhalts nöthig sein (wogegen sich schwerlich etwas einwenden liesse), sondern auch noch die Zustimmung sowohl des Grundstückseigenthümers als auch aller zwischenstehenden Berechtigten. Diese letzteren werden allerdings beeinträchtigt, wenn z. B. eine unanfechtbare, bessere Forderung statt der bisher vorstehenden, schlechteren ihren Rechten in Zukunft vorgehen soll.

Als eine Schutzmassregel gegen die Gefahren der Glaubwürdigkeit des Grundbuchs dient die Möglichkeit, sich durch einen mit richterlicher Hülfe einzutragenden Widerspruch (Vormerkung) gegenüber seinem Inhalt ein Recht auf Eintragung oder Löschung zu sichern (§ 844) [2]).

Dass die Verjährung wider den Grundbuchsinhalt ausgeschlossen sein soll, ist nur eine unvermeidliche Folge des Publicitätsgrundsatzes (§ 847). Mit ihm hängt auch die streng

---

[1]) Vgl. z. B. Fuchs, in Kohler's *Archiv für bürg. R.*, Bd. 2, S. 7—30.

[2]) v. Meibom, im *Archiv f. civ. Praxis*, Bd. 74, erklärt sich, S. 364, für eine Ausdehnung dieses Rechtszweiges.

genommen unausführbare Bestimmung (§ 885) zusammen, dass dingliche Rechte an Grundstücken nicht mehr durch Confusion wegfallen sollen. In Wahrheit handelt es sich freilich hierbei nur um das sofortige Wiederaufleben der durch Confusion erloschenen Rechte, sobald es wieder möglich wird, sie einem Nichteigenthümer zuzutheilen; denn der Satz: „nulli res sua servit" spottet als logische Nothwendigkeit der Macht des Gesetzgebers.

Das Eigenthum (Abschnitt 5) [1]) ist in 5 Titeln abgehandelt worden. Der erste spricht von „Inhalt und Begrenzung des Eigenthums". Hier finden wir unter anderem auch die alte Lehre von der Luftsäule über dem Grundstück, in der dem Eigenthümer der freie Aufblick zum Himmel nicht geschmälert werden darf (§ 849). Schon vor Abfassung des Entwurfs vielfach angefochten, ist sie auch nach seiner Veröffentlichung wieder Gegenstand des Spottes geworden [2]). Allein selbst ihre Anhänger werden nichts dagegen haben, dass jenes Recht auf Unberührtheit der Luftsäule nur insoweit gelten soll, als es einem vernünftigen Bedürfnisse dient, sodass z. B. durchfliegende Brieftauben, Eisenbahnviadukte, die in schwindelnder Höhe über fremdem Eigenthum schweben, davon nicht betroffen werden, und mit dieser Einschränkung, welche sogar durch Gesetzesauslegung erreichbar sein würde, kann man sich allenfalls zufrieden geben [3]).

Das Nachbarrecht ist in vielen Punkten den Landesgesetzen vorbehalten (§ 867), in anderen allerdings reichsrechtlich geregelt (§§ 850—865). Da die Gefälligkeiten, welche ein Nachbar dem andern leisten kann, ohne sein Eigenthum zu entwerthen, nur geringfügig zu sein vermögen, so gleicht dieser Rechtszweig nur einer Welle, mit der die gute Sitte den Rand des Rechtsgebietes bespült, und ist somit von minder schwerwiegender Bedeutung. Hervorzuheben ist hier die gesetzlich anerkannte (§ 857) Nothwen-

---

[1]) Vgl. Riess, in den *Gutachten aus dem Anwaltstande*, S. 747 ff.
[2]) Vgl. z. B. Gierke, *der Entwurf*, S. 323.
[3]) Vgl. auch Dernburg, *Pandekten*, Bd. I § 198.

digkeit gegen verletzende Grenzüberschreitungen durch Bauten sofort Widerspruch zu erheben, widrigenfalls der Bau unversehrt bleiben muss und nur eine Entschädigungsforderung eintritt. Diese letztere kann in der langwierigen Form einer Rente (§ 857) oder in der bequemeren einer verkaufsweisen Ueberlassung des rechtswidrig bebauten Landes (§ 859) anerkannt werden. Hier wird den Bauten ein Schutz gegen Zerstörung gewährt, den nach römischem Recht vielleicht die Praxis anerkannte, jedenfalls aber die herrschende Doktrin nicht anerkennt. Noch klarer weicht der Entwurf vom römischen Rechte in Anlehnung an einen älteren deutschen Brauch darin ab, dass er das „Ueberfallsrecht" zulässt (in einer eigenartigen Fictionsform, § 862: „Die Früchte, welche von einem Baume auf ein Nachbargrundstück hinüberfallen, werden wie vom Boden getrennte Früchte der letzteren angesehen"). Hier ist der Entwurf, indem er dem Grundherrn, der die über die Grenze gefallenen Früchte seines Baumes abholen will, die Thüre verschliesst, germanistisch und doch „unsozial".

Der Eigenthumserwerb wird unserem gegenwärtigen Rechte entsprechend bei Grundstücken (Titel 2) und bei fahrender Habe (Titel 3) besonders behandelt. Die Eigenthumsveräusserung durch Vertrag ist nach dem Vorgange des neueren preussischen Rechts von einer Eintragung abhängig, der ein abstracter Vertrag vor dem Grundbuchamte vorhergehen muss. Bei diesem muss der eine sein Eigenthum fortgeben und der andere es entgegennehmen (§ 868). Diesem Geschäfte, einer Ausgeburt modernen juristischen Denkens und Erwägens, haben seine Verfasser dadurch eine gewisse Volksthümlichkeit zu verleihen gewusst, dass sie ihn mit einem Namen versahen, der einerseits einen offenbaren altdeutschen Ursprung verräth und dennoch dadurch, dass er längst in Vergessenheit gerathen war und von den Todten auferweckt wurde, des Reizes der Neuheit nicht entbehrte, dem Worte: „Auflassung". Diese „Auflassung" ist aus dem preussischen Rechte in den Entwurf hinübergewandert.

Die Occupation hat bei dem allgemeinen Streben nach Verdeutschung der juristischen Kunstsprache ein allzu gutes Loos gezogen; ihr ist der schöne Name „Zueignung" zugefallen [1]), der unserem Sprachgefühle freilich für die Thätigkeit des Jagens oder Plünderns allzu sinnig erscheint. (§ 872, bei Mobilien vgl. §§ 903—909) Der Ausdruck „Erbeutung" würde vielleicht dieselben Dienste haben leisten können.

Die Veräusserung beweglicher Sachen (§§ 874 ff.) hat der römischen Tradition angepasst werden sollen, d. h. der Tradition, wie die neuere Wissenschaft sie sich vorstellt. Man hält sie neuerdings für ein abstractes Geschäft. Es erklärt sich dies aus dem bekannten Satze, dass die Tradition auch dann gültig ist, wenn die Vertragsgenossen über ihren Zweck in Folge eines Missverständnisses Widersprechendes wollen, z. B. der eine schenken und der andere ein Darlehn empfangen will. Die Unschädlichkeit eines solchen unbewussten Widerspruchs beweist jedoch keineswegs ihre abstracte Natur [2]). Eine solche entspricht weder den Quellen noch würde es zweckmässig sein, abstrakte Erklärungen bei formlosen Verträgen zu begünstigen, weil durch sie für unsaubere Geschäfte ein unredlichen Leuten erwünschter Deckmantel gewährt wird. Was oben vom abstrakten Schuldscheine gesagt ist, muss auch hier gelten. Bleibt in diesem Punkte der Entwurf unverändert, so wird in Zukunft der Richter eine vollkräftige Eigenthumsübertragung als geschehen annehmen müssen, wenn ihm ein Schriftstück vorgelegt wird, in welchem der bisherige Eigenthümer sich einfach unbedingt oder für einen gewissen Fall einen Nachfolger ernennt [3]). Obwohl die Gültigkeit derartiger Urkunden unseren Anschauungen widerspricht, so werden sich doch gar bald Leute finden, die eine gesetzliche Anerkennung solcher Schriftstücke für ihre

---

[1]) Vgl. hiergegen Bekker, *System und Sprache des Entwurfs* u. s. w., § 60.
[2]) Vgl. Strohal, in Jhering's *Jahrb. f. Dogm.*, Bd. 27, S. 335 ff.
[3]) Vgl. hierzu insbesondere Gerson, in Kohler's *Archiv für bürg. R.*, Band 2, S. 63 ff.

Zwecke Verwerthen werden, und diese Zwecke werden nicht immer die besten sein ¹). In der Behandlung der Tradition ist eine der wichtigsten Abweichungen vom römischen Rechte enthalten, welche allenfalls auch bei der rei vindicatio hätte erledigt werden können, der völlige Bruch mit der alten Regel: „Ubi meam rem invenio, ibi vindico" (§§ 877 ff.). Hier hat die im Entwurfe immer wiederkehrende Begünstigung des sog. redlichen Erwerbers ²) ihren Höhepunkt erreicht, nach dem Vorbilde des französischen Satzes: „En fait de meubles la possession vaut titre" ³). Es ist hart für den Eigenthümer, ohne Grund seine Sache zu verlieren. Es ist aber ebenso hart für den redlichen Käufer, eine vom Nichteigenthümer erworbene Sache herausgeben zu müssen. Eine dieser Härten ist jedoch für den Gesetzgeber unvermeidlich; er muss von beiden zweifellosen Uebeln das kleinere auswählen. Das römische Recht sah die Schmälerung des redlichen Erwerbers als das kleinere an; trotz der Blüthe des Welthandels wurde der Eigenthumsschutz bei den Römern höher geachtet, als die Gefahren, welchen kauflustige Erwerber entgegengingen. Das neuere deutsche Recht hat hier Erinnerungen an altdeutsche Vorschriften aufgewärmt (hand muss hand wahren), die wahrscheinlich weniger auf einem nationalen Empfinden beruhten, als auf dem Grundsatze einer ungastlichen, verkehrsarmen Zeit, welche es für unvorsichtig hielt, Sachen vertrauensselig aus der Hand zu geben, und deshalb unvorsichtigen Vermiethern oder Verleihern die Vindicationsrechte gegen Dritte abschnitt. Dieser Gedanke hat aber unter ganz anderen Wirthschaftsverhältnissen eine ganz neue Bedeutung gewonnen. Er schützt jetzt den Kleinhandel, namentlich den Handel mit alten Gegenständen, gegen den gefährlichen

---

¹) Vgl. hierzu auch Menger, a. a. O., S. 79.
²) Den Schutz des guten Glaubens innerhalb des Sachenrechts im Entwurf entwickelt in zusammenfassender Darstellung Klöppel, *Gutachten aus dem Anwaltstande*, S. 1415 ff.
³) Art. 2279 Code civil.

Ankauf von Sachen, die den Veräusserern nicht gehören. Das mag insofern ein Fortschritt sein, als der plutokratische Römer der späteren Kaiserzeit in diesem Punkte den Kleinkaufleuten eine mindere Nachsicht gezeigt hat: wir dürfen aber nicht vergessen, dass jene menschenfreundliche Vorschrift nur allzu oft der Hehlerei zu Gute kommt, und indem sie den Hehler sichert, auch den Stehler ermuthigt [1]). In dieser Richtung bewegt sich auch das preussische Recht, indem es (auch bei verlorenen und gestohlenen Sachen) dem redlichen Erwerber einen Gegenanspruch für seine Auslagen (Lösungsanspruch) dem Eigenthümer gegenüber zubilligt [2]), obwohl die Redlichkeit eines solchen Erwerbers oft genug mit dem Satze „Quisquis praesumatur bonus" steht und fällt. In gleichem Sinne bestimmt das Handelsgesetzbuch für die gewerblichen Veräusserungen der Kaufleute, dass das veräusserte Gut, sobald es weder gestohlen noch verloren ist, sogar in das volle Eigenthum des redlichen Erwerbers übergehen soll (Art. 306). Beide Grundsätze, der preussische Lösungsanspruch und die handelsrechtliche, dem französischen Rechte nahe verwandte Regel, sind gewisser Maassen im Entwurfe vereinigt (§§ 877—879 und § 939) [3]). Hiernach bleibt für die ordentliche Ersitzung kein Raum mehr. Für Grundstücke verbietet sie der Glaube des Grundbuchs, für bewegliche Sachen erscheint sie darum überflüssig, weil der redliche Erwerber nicht mehr ein Eigenthum würde ersitzen können, welches ihm schon ohne Zeitablauf gegeben werden soll. Nur für die gestohlenen und verlorenen beweglichen Sachen [4]) bleibt dem Erwerber neben seinem Lösungsanspruche auch noch die Möglichkeit der Ersitzung übrig und zwar ist sie als zehnjährige ausserordentliche (d. h. vom

---

[1]) Vgl. daher die Einschränkungen in art. 2279 und 2280 des Code civil.
[2]) Art. 2280 Code civil thut dies nur unter besondern Bedingungen.
[3]) Menger sieht darin eine erhebliche Abschwächung des Eigenthumsschutzes (a. a. O., S. 77, 82, 83).
[4]) Mit Ausnahme des Geldes, der Inhaberpapiere und öffentlich versteigerten Sachen (§ 879).

Nachweise der Erwerbsthatsachen unabhängige) Ersitzung den redlichen Erwerbern gewährt (§§ 881 ff.). Die Lehre vom Eigenthumserwerb durch Verbindungen oder Vermischungen gehört zu den Rechtszweigen, deren Schwierigkeit zur Seltenheit ihrer praktischen Bedeutung in einem gewissen Missverhältnisse steht und die vielleicht aus diesem Grunde bisher noch nirgends zur vollen Klarheit durchgebildet worden ist. Auch der Entwurf wird hier manche Zweifel unerledigt lassen. Aus einem Streben nach Vereinfachung erklärt sich, dass „Verbindung, Vermischung, Verarbeitung" in einen einheitlichen Rechtszweig verschmolzen sind (§§ 890—897), namentlich insofern jede durch derartige Eigenthumsverschiebungen erworbene Bereicherung ersatzpflichtig machen soll (§ 897). Das Gesetzbuch sucht die Hauptfragen dieser dunkeln Lehre vornehmlich durch zwei bekanntlich sehr zweifelhafte Begriffe zu lösen: „Wesentlichkeit" und „Werth". Die Wesentlichkeit einer Verbindung soll ihre Untrennbarkeit bestimmen, was wohl, streng genommen, auf eine Tautologie hinausläuft [1]). Der Werth verbundener Sachen soll die Hauptsache feststellen (§ 891) und auch für den Specificationsbegriff von Bedeutung sein (§ 894). Nur leider lässt sich nach geschehenen Verbindungen der frühere Werth ihrer Elemente nicht immer erweisen; auch haben gewisse Dinge, namentlich Kunstwerke und Antiquitäten, also gerade Sachen, die verbindenden Handwerksarbeiten in besonders hohem Grade ausgesetzt sind, oft überhaupt keinen sicher feststellbaren Verkaufswerth. Richterliches Ermessen wird hier nachhelfen und von der Wissenschaft genauere leitende Gesichtspunkte verlangen müssen [2]).

In der Lehre vom Fruchterwerbe (§§ 898—902) werden

---
[1]) Im Uebrigen gewähren gerade hier die *Motive* vortreffliche Erläuterungen: Bd. 3, S. 40 ff., woselbst S. 41 das Schwergewicht auf das durch Trennungen gefährdete volkswirthschaftliche Interesse mit Recht gelegt wird.

[2]) In der Regel wird es wohl darauf ankommen, wer von den Herren der verbundenen Sachen schwerer getroffen wird, wenn er statt seines Gegenstandes eine blosse Geldabfindung erhält.

es die Meisten als einen Fortschritt betrachten, dass nicht blos der redliche Besitzer, sondern auch der Niessbraucher schon dann die Früchte erwirbt, wenn sie von der Hauptsache getrennt sind (§ 899). Und doch kann diese Vereinfachung der Vorschriften nur durch eine Minderung der Rechtssicherheit erkauft werden. Nehmen wir z. B. an, dass eine zum Niessbrauche berechtigte Wittwe im Spätsommer mitten in nächtlichem Schlafe stirbt, so sind die in dieser Nacht abgefallenen Früchte, welche sich loslösten, bevor die Lebensuhr der Niessbraucherin abgelaufen war, nach dem Entwurfe das Eigenthum ihres Erben, die später abgetrennten aber gehören dem Grundstücksherrn. Man kann sich dies Beispiel leicht vergrössern und vervielfältigen und wird sehen, dass es misslich ist, ein Erwerbsrecht an den Augenblick eines Todesfalls anzuknüpfen, der bekanntlich zuweilen so ungewiss ist, dass seinetwegen der ganze Rechtszweig der Verschollenheitsvorschriften entwickelt werden musste. Zu erwähnen ist hier noch, dass in einem Beschlusse des preussischen Landes-Oekonomie-Collegiums [1]) der Wunsch geäussert worden ist, die Fruchterwerbsregelung des Entwurfs auf den Grundsatz zu stellen: „Wer säet, der mähet", d. h. der die Saat ausstreuende Eigenthümer soll ein Recht auf die Ernte haben. Dieser Satz empfiehlt sich allerdings unserem Billigkeitsgefühle, jedoch nur insofern wir nach seiner voraussichtlichen praktischen Tragweite nicht fragen. Thun wir dies, so erkennen wir, dass er die Auseinandersetzung zwischen Fruchtbezugsberechtigten und ihren Vorgängern oder Nachfolgern erschwert, weil er die Nothwendigkeit hervorruft, bei der nächsten Ernte nochmals abzurechnen.

Bei der Zueignung beweglicher Sachen hat die Bienenzucht durch einige besondere Vorschriften eine Berücksichtigung gefunden (§§ 906—909), die im Wesentlichen mit Anerkennung begrüsst worden ist [2]).

---

[1]) Abgedruckt in von Kirchenheim's *Centralblatt*, Bd. 9, S. 133 nr. 32.
[2]) Vgl. Kolligs im *Archiv f. civ. Praxis*, Bd. 74, S. 433 ff. und

Die Behandlung gefundener Sachen im Entwurfe (§§ 910—928) ist im Wesentlichen eine Fortbildung ähnlicher Vorschriften des preussischen Rechts, das seinerseits auf deutscher Praxis beruht (Pflichten des Finders, Fundlohn, Aufgebot, Eigenthumserwerb am Gefundenen unter gewissen Bedingungen, u. s. w.). Die Verpflichtung, gefundene Sachen bei der Obrigkeit anzumelden, ist bei geringwerthigen Sachen (bis zu 3 Mark) grundsätzlich fallen gelassen (§ 921).

In der Behandlung des Eigenthumsanspruches (§§ 929—945) finden wir vorwiegend Anlehnungen an bekannte gemeinrechtliche Doktrinen. Dieser Anspruch wird, abweichend vom preussischen Rechte, dem Eigenthümer allein gegeben, nicht dem blossen Inhaber. Der der Sache beraubte bisherige Besitzer hat zwar als solcher nach § 825 ohne Weiteres einen Entschädigungsanspruch auf ihren Werth; dass jedoch die hierin liegende Vermuthung eines Rechtes für ihn ausreichen soll, um darauf einen Eigenthumsanspruch zu gründen, ist nirgends gesagt. Der Eigenthümer wird hiernach wohl in Zukunft seinen Erwerb voll nachweisen sollen und also auch bei einem abgeleiteten Erwerb eine volle Ahnenreihe früherer Eigenthümer bis zu einem ursprünglichen Erwerbsacte abzurollen genöthigt sein (sog. probatio diabolica) [1]. Dass dieser überaus unpraktische Klagebegründungszwang nicht römischen Geistes und auch nicht römischen Rechtes ist, daran hat der Verfasser seit vielen Jahren keinen Zweifel mehr [2]. Es ist erfreulich, dass der unerschütterte Besitzstand, dessen er sich innerhalb der herrschenden gemeinrechtlichen Lehre erfreut, nunmehr neuerdings auf dem Boden der Quellenexegese eine Anfechtung erfährt [3]. Hoffentlich

---

den Beschluss des preussischen Landes-Oekonomie-Collegiums, nr. 29, a. a. O., S. 132.

[1] Hiergegen im Sinne des preussischen Rechts: Cosack, a. a. O., S. 52 ff.

[2] Vgl. seine Ausführungen in den *Verhandlungen des 16ten d. Juristentags*, Bd. 1, S. 299, bes. Anm. 1.

[3] Vgl. Wendt, im *Archiv f. civ. Praxis*, Bd. 76, S. 397 ff. Für den Verfasser scheint als Gegengrund wider die herrschende Lehre von besonderer Wichtigkeit die l. 5 pr. D. si ususfr. petetur (VII, 6). zu sein.

wird ihm im Entwurfe oder wenigstens doch in seiner Auslegung der Boden entzogen werden.

Dass neben den Eigenthumsschutz ein entsprechender (Publicianischer) Schutz des redlichen Erwerbers gestellt ist, war zu erwarten (§ 945).

In der Miteigenthumslehre (§§ 946—951, zu ergänzen aus den §§ 763—773) ist der Entwurf, um in der Sprache seiner germanistischen Gegner zu reden, „unsozial" und „individualistisch", und zwar beides nach römischem Vorbilde. Es zeigt sich dies in einer grossen Unabhängigkeit, welche er den Einzelnen gewährt, wie in seiner Gunst gegenüber der Auflösung dieses Verhältnisses (§ 767). Allein da einmal das Wort „communio mater rixarum" gilt und der Wunsch nach freier Bewegung in einem gesonderten Herrschafts-Kreise vom Standpunkte der Privatrechtsordnung als berechtigter gelten soll, so wird man auch zugeben müssen, dass es nicht die Aufgabe des Rechts sein kann, Miteigenthümer zur Tugend der Nachgiebigkeit zu erziehen. So darf man denn auch die Absonderungs- und Selbständigkeitsgelüste des Miteigenthümers nicht für völlig verwerflich ansehen.

Nachdem der Entwurf (§§ 952—960) für die Erbpacht in dem dinglichen Vorkaufsrechte einen schwerlich zureichenden Ersatz zu bieten gesucht hat, will er auch statt der römischen superficies in dem „Erbbaurechte", wie schon der Name sagt, eine Beschränkung dieses Instituts verwirklichen (§§ 961—965). Das römische Erbnutzungsrecht des Superficiars greift bekanntlich über Bauten hinaus, berührt einzelne Theile von Gebäuden und der richtigen Meinung nach auch Bäume und Pflanzen. In diesem weiteren Umfange soll es nunmehr wegfallen. Das in einzelnen Theilen Deutschlands vielverbreitete Stockwerkseigenthum ist somit gleichfalls dem Entwurfe fremd und hat nur im Einführungsgesetze Anerkennung gefunden [1]). Was aus den Bäumen werden

---

[1]) Allerdings nur in einer gekünstelten Verquickung mit dem Miteigenthumsrechte, vgl. Einführungsgesetz, Art. 73, und hierzu die *Motive*, S. 197.

soll, welche man auf fremden Landstrassen anpflanzt, um sich eigenthumsähnliche Rechte an ihnen vorzubehalten, bleibt hiernach eine offene Frage. In der Lehre von den Dienstbarkeiten ist das Eintragungsprincip festgehalten, d. h. auch diese Rechte sollen ohne Eintragung nicht entstehen können. Dagegen hat sich eine Abtheilung des 19ten deutschen Juristentages erklärt [1]). Obwohl von einem besonderen Schutze des „Rechtsbesitzes" im Entwurf nicht die Rede sein soll, da ihn der weitgehende Besitzesschutz des Inhabers in seinen Hauptanwendungsfällen entbehrlich macht [2]), so ist doch der Zustand, welchen man so nennt, bei Grunddienstbarkeiten rechtlich geschützt (§ 979). Der Niessbrauch ist mit besonderer Genauigkeit geregelt (§§ 980—1043). Die Bestellung des Niessbrauchs verlangt Uebergabe (§ 983), m. E. ohne Grund. Der Nachtheil, welchen die gleiche Vorschrift beim Eigenthume abwehrt, besteht in einer Verdunkelung der Eigenthumsverhältnisse innerhalb der Verkehrsbewegungen durch eine Trennung von Besitz und Eigenthum. Bei den viel seltneren Niessbrauchsbestellungen kann eine gleiche Besorgniss kaum in Betracht kommen.

Dass der Niessbraucher nicht erst durch ein besonderes Versprechen, sondern unmittelbar kraft Gesetzes verpflichtet ist, für Schonung und ordnungsgemässe Rückgabe der Sache zu sorgen (§ 991), ist ein Ergebniss der gemeinrechtlichen Gewohnheit; die entgegengesetzte veraltete Vorschrift des römischen Rechts erklärt sich wohl nur aus einer Lücke des alten jus civile, in welchem noch nicht vorhergesehen war, dass sich später derartige Rechte auf dem Boden des Vertragsrechts und der Testierfreiheit bilden würden.

---

[1]) *Verhandlungen*, Bd. 3, S. 130. Vgl. jedoch auch Kroch, a. a. O., S. 96 ff. und v. Meibom, im *Arch. f. civ. Praxis*, Bd. 75, S. 451. Gemildert ist die Strenge dieses Eintragungszwanges durch Art. 109 des Einführungsgesetzes zum Entwurf.

[2]) Klöppel, *Gutachten aus dem Anwaltstande*, S. 1426.

Eine mehr scheinbare, als wirkliche Aenderung steckt in der Vorschrift (§ 1011), dass in Zukunft der Niessbrauch dem Rechte, nicht blos der Ausübung nach, übertragbar sein soll [1]); denn auch in Zukunft soll der Niessbraucher weder die Pflichten, die ihm infolge seines Rechts obliegen, dadurch abwälzen können, dass er sein Recht einem anderren abtritt [2]), noch soll es einer niessbrauchberechtigten Greisin möglich werden, das mit ihr zum Sterben reife Recht dadurch zu verjüngen, dass sie es auf die Schultern eines Kindes legt; ihre eigene Lebensdauer soll vielmehr auch nach der Uebertragung des Rechts diesem ein Endziel stecken (§ 1011, 2 und § 1014). Dass also die Uebertragung eines Niessbrauchs weder den Veräusserer von seiner Pflicht befreien noch seinem Rechte eine neue Lebensdauer erwerben kann, das war aber gerade wohl der Punkt, welchen man im Auge hatte, wenn man die Uebertragbarkeit des Rechtes bestritt und nur seine Ausübung als veräusserlich betrachtete.

Eine besondere Cautionspflicht (§ 1005) des Niessbrauchers soll nur noch Platz greifen, wenn er die Unversehrtheit der Sache durch sein Verhalten gefährdet; dann freilich wird ihre Geltung oft genug zu spät kommen.

Der Niessbrauch an Rechten und an einem ganzen Vermögen ist besonders geregelt (§§ 1021—1043).

Unter den beschränkten persönlichen Dienstbarkeiten (§§ 1044 ff.) hat der Entwurf nur bei dem Wohnungsrechte angegeben, worin es im Zweifel bestehen soll (§ 1050).

Die Reallasten, ein absterbendes Rechtsinstitut, sind nur durch wenige Vorschriften geregelt (§§ 1051—1061) und nur für den Fall, dass nicht die Landesgesetzgebung ihr Fortbestehen ausschliesst [3]).

---

[1]) Eine ähnliche Ansicht vertraten früher Dernburg, in Linde's *Zeitschrift*, N. F., II, 2, und Elvers, *die röm. Servitutenlehre*, § 27. Vgl. Arndts, *Pandekten*, § 179 Anm. 4.

[2]) Allerdings lässt ihn § 1013 von der Veräusserung ab nur als selbstschuldnerischen Bürgen für seinen Nachfolger haften.

[3]) Art. 70 des Entwurfes eines Einführungsgesetzes.

Dass das Pfandrecht im Entwurfe nicht mehr als einheitliches Ganzes behandelt wird, sondern in 4 Gruppen zerspalten ist [1]) (Pfandrechte an Grundstücken, Grundschulden, Pfandrechte an beweglichen Sachen und Pfandrechte an Rechten), beruht nicht blos auf der bekannten Schwierigkeit der Aufgabe, alle pfandrechtlichen Erscheinungen unter einen Hut zu bringen. Eine ganz allgemeine Begriffsbestimmung dieser Rechtsgebilde liesse sich wohl allenfalls dahin fassen, dass das Pfandrecht die Befugniss ist, ein fremdes Vermögensstück zu beeinträchtigen, um sich dadurch wegen einer erwarteten Leistung zu sichern. Nach der Verschiedenheit der Beeinträchtigungsformen und ihrer Vorbedingungen sind dann Unterarten zu bilden, und da diese Beeinträchtigungsformen bei Rechten andere sein müssen, als bei greifbaren Dingen, so müssen auch die Pfandrechte an beiden einer gesonderten Behandlung unterstellt werden. Was ferner die Trennung des Grundstückspfandes von der verpfändeten beweglichen Sache anlangt, so ist sie ein Ergebniss der schon oben geschilderten neueren Creditverhältnisse. Diese machen die Grundstückspfänder zu regelmässigen Formen der heutigen Capitalsverwerthung, während die beweglichen Pfänder hierzu untauglich sind, weil sie der Gefahr unterliegen, von den Verkehrswellen weggespült und den Blicken des Gläubigers entzogen zu werden. Dadurch hat das Leihen auf bewegliche Pfänder bei uns dieselbe Natur behalten, welche der richtigen Meinung nach in Rom auch das Grundstückspfand niemals abgestreift hat, nämlich die Zweckbestimmung, in vorübergehenden Nothlagen als eine gelegentliche Hülfe zu dienen. Es zeigt sich dies schon darin, dass im Entwurfe die Grundstückspfänder Geldleistungen sichern, die beweglichen Pfänder auch andere Schulden (§ 1145).

Auf dem Gebiete der Grundstückspfänder dagegen tritt uns nunmehr eine weitere Mannigfaltigkeit entgegen. Der Entwurf

---

[1]) Vgl. zu dem Folgenden Bähr, *Krit. Vierteljahrsschrift*, Bd. 30, S. 518 ff., und überhaupt zu dem Pfandrechte: Scholler und Wernick in den *Gutachten aus dem Anwaltstande*, S. 35 ff., 376 ff.

huldigt hier dem Grundsatze: „Wer vieles bringt, wird manchem etwas bringen"; denn in nicht weniger als vier Formen lässt er Grundstückspfänder zu, für welche gewisse allgemeine Vorschriften gemeinsam sind [1]), während sie im Uebrigen einer verschiedenen Behandlung unterliegen. Wir finden neben einander: 1. Buchhypothek [2]); 2. Briefhypothek; 3. Sicherheitshypothek; 4. Grundschuld (die, wie wir sahen, nicht unter, sondern neben die übrigen Grundstückspfänder gestellt ist), alle verschiedenen Grundsätzen unterworfen. Dass der Verkehr aus der Häufung so verschiedener Mittel zu ähnlichen Geschäftszwecken leicht in Verwirrung gerathen kann, ist geltend gemacht worden [3]) und wird sich schwerlich bestreiten lassen. Immerhin bedarf es jedoch einer geschichtlichen Erklärung dieses merkwürdigen Auseinandergehens eines einheitlichen Rechtsverhältnisses in so viele Unterarten. Es scheinen hier ähnliche Kräfte gewaltet zu haben, wie bei der Entstehung der Inhaberpapiere, namentlich der Wechselschulden. Die Neuzeit ist, wie wir sahen, darauf angewiesen, Kapital und Arbeitskraft durch Creditgewährung zusammenzubringen. Der Haupthebel dieses wirtschaftlichen Erfolges ist aber die Hoffnung, eine durch Creditiren erworbene Forderung im Nothfalle verwerthen zu können. Die Beitreibung ist jedoch nur die eine, langwierigere Verwerthungsform, die andere, bequemere ist der Forderungsverkauf. Ihn begünstigen heisst die Creditgewährungen befördern. Wie nun die Wechselforderungen durch Sondervorschriften an Veräusserlichkeit gewinnen, so lag es nahe, auch den Hypotheken eine gleiche Eigenschaft auf ähnlichem Wege zuzuwenden. Auf zwei Arten ist vornehmlich die Wechselforderung übertragbarer gemacht, als die gewöhnliche For-

---

[1]) Ueber diese vergleiche Klöppel in den *Gutachten aus dem Anwaltstande*, S. 1446.

[2]) Diesen Ausdruck schlägt namentlich Brettner in Kohler's *Archiv f. bürg. R.*, Bd. 2, S. 182 vor. Der Entwurf spricht von einer Hypothek ohne Hypothekenbrief.

[3]) Vgl. Dernburg in den *Verhandlungen des 20ten Deutschen Juristentags*, Bd. 4, S. 239.

derung es ist: durch ihre Anknüpfung an ein Papier, an dem sich der Uebertragungsakt vollziehen kann ohne jede Rücksicht auf den abgetretenen Schuldner, und zweitens durch ihre erhöhte Unempfindlichkeit gegen Einreden. In ähnlicher Art den Hypotheken nachzuhelfen, rechtfertigte sich dadurch, dass sie ihren Zweck, eine Schuld zu sichern, für den Gläubiger auf zwei Arten erreichen können: durch Beitreibung und durch Veräusserung[1]). Wenn es hiernach ein begreifliches Streben der Gesetzgebung ist, dem Hypothekenveräusserungsbedürfnisse entgegenzukommen, um zum Besten der Landwirthschaft die Creditgewährungslust auf Grundstücke hinzulenken, so mussten andererseits alle die schweren Ausbeutungsgefahren, welche bekanntlich das Wechselrecht mit sich führt, sich auch hier in hohem Maasse geltend machen. Nirgends lässt ein Gesetzgeber ungestraft Klagerechte aus Verabredungen von den Vertragszwecken abstrahieren. Der leichtsinnige Schuldenmacher, der auf Kosten eines zukünftigen Erwerbes, vielleicht sogar zukünftiger Erbschaften, schon jetzt sein Leben geniessen will, und der Wucherer, der in ihm sein Opfer sucht, diese beiden Erscheinungen sind die unzertrennlichen Begleiter der abstrakten Geschäfte innerhalb der Rechtsgeschichte. Wo Wohlstand, Verkehrskenntniss und Gesittung sie wenigstens in der Regel unschädlich machen, da kann der Gesetzgeber über ihr Vorhandensein allenfalls hinwegsehen (dies gilt namentlich für die grösseren Handelsplätze, welche zugleich die Sammelstellen wirthschaftlicher Einsicht zu sein pflegen); wo dies nicht der Fall ist, namentlich in abgelegeneren Landstrecken, da werden sie sich in unliebsamer Weise bemerkbar machen und nur durch ein künstliches Steigern der Volksbildung nach der wirtschaftlichen Seite mildern lassen. Die Gesetzgebung eines grossen Gebietes findet sich

---

[1]) Dass sie *neben* dem Sicherungszweck „den Zweck haben, Gegenstand des Verkehrs zu sein" (so der Bericht in von Kirchenheim's *Centralblatt*, 1888, Bd. 7, S. 245) ist somit nur insofern richtig, als der zweitgenannte Zweck ein Mittel für den ersteren ist.

hier in der übeln Lage, einheitliche Vorschriften für verschiedene Schutzbedürfnisse aufstellen zu sollen. Der solide Geschäftsbetrieb redlicher und einsichtiger Geschäftskreise begehrt eine Begünstigung der verkehrsbelebenden abstrakten Geschäfte; dagegen erschallen aus weiten Landgebieten Klagerufe über eine Ausbeutung der geistig und wirthschaftlich Armen durch gewandte Speculanten. Eine Grenze zwischen der Heilsamkeit und der Verderblichkeit jener Geschäfte zu ziehen, ist kaum thunlich; die eine Seite allein zu betonen, würde verfehlt sein. Die preussische Gesetzgebung von 1872 war hierin vielleicht zu verkehrsfreundlich, indem sie als ihre beiden Pfandrechtsformen nur die abstrakte Grundschuld und eine gegen Einwendungen in hohem Maasse unempfindliche Hypothek zuliess. Indem nunmehr der Entwurf im Hypothekenrechte dem Verkehre verschiedene Formen bietet, die gewisser Maassen eine Scala der Gefährlichkeit für den Schuldner zum Besten des Gläubigers bilden (wie er ja auch neben der Wechselschuld die gewöhnliche Schuld bestehen lässt), hilft er vorsichtigen Creditsuchern wenigstens insoweit zu der Möglichkeit, den Grundbesitz in einer minder strengen Art zu verpfänden, als nicht ihre Noth sie zu den ihnen ungünstigeren Creditformen zwingt. So rettet sich der Gesetzgeber aus einem unlösbaren Zwiespalt der Schutzbedürfnisse, indem er den Parteien selbst eine Gelegenheit bietet, sich vor einer allzu strengen Haftung zu schützen.

Auf dieser viersprossigen Stufenleiter der Gefährlichkeit bildet den untersten, unbedenklichsten Grad die Sicherheitshypothek, den obersten die Grundschuld. Dazwischen finden wir, näher an der erstgenannten Form, die Buchhypothek und, der Grundschuld näher verwandt, die Briefhypothek.

Die Sicherungshypothek (§§ 1125—1134) ist wohl deshalb so genannt, weil bei ihr der Schuldner nicht schlimmer belastet wird, als der Sicherungszweck der Hypothek es unbedingt erfordert, nämlich durch Herstellung eines streng accessorischen Rechts, das uneingeschränkt denselben Einreden unterliegt wie die Hauptschuld. Strenge genommen sichern alle Hypotheken eine erwartete Leistung, daher besser gewesen wäre von „unselbstständigen" oder „abhängigen" Grundstückspfändern zu reden.

Diese schlichte Form soll auch bei der sogenannten Kautionshypothek (§ 1129) gelten, sowie bei den Zwangs- und Arresthypotheken (§§ 1130 ff.). Sie ist die an Eintragungszwang gebundene Hypothek des römischen Rechts.

Den Erwerber der Buchhypothek dagegen schützt das Gesetz in ähnlicher Weise, wie den Wechselindossatar gegen überraschende Einreden (vgl. §§ 1083, 1084, 1108), um gutgläubige Erwerber gegen Enttäuschungen zu sichern. Sie ist aber, sofern sie ohne Brief begründet ist, einer schwerfälligeren Veräusserungsform unterstellt, insofern ihre Ueberlassung an andere Gläubiger lediglich durch Bucheintragung möglich ist [1]). Hierdurch wird der neue Erwerber genöthigt, alle diejenigen Einwendungen kennen zu lernen oder doch kennen zu müssen, welche das Grundbuch ersichtlich macht.

Die Briefhypothek dagegen ist auch ohnedies abtretbar, nämlich durch gerichtliche oder notarielle Ueberlassung und Uebergabe des Briefs (§ 1112), ohne dass ihr Uebergang eingetragen zu werden braucht.

Die Grundschuldsbestellung, welche das Grundstück nicht für eine Schuld, sondern einfach für eine Summe haftbar macht (§ 1135), ist diejenige Verpfändungsart, deren Begründung am Meisten von allen der Papiergeldfabrication ähnlich ist [2]), denn sie sichert nicht eine Schuld, sondern nur eine erwartete Zahlung. Darum ist auch die Schattenseite der Papiergelderzeugung ihr nicht fern geblieben, die Entstehung von Werthpapieren ohne Deckung, mit anderen Wor-

---

[1]) Vgl. gegen diese Vorschrift: v. Meibom, im *Archiv f. civ. Praxis*, Bd. 75, S. 450.

[2]) Neue anregende Gesichtspunkte über dieses Rechtsgebilde eröffnet Bähr in Kohler's *Archiv für bürgerliches Recht*, Bd. 2, S. 175. Vgl. auch die gedankenreiche Schrift von Kühnast, *die Grundschuld des Entwurfs u. s. w.*, Berlin 1888.

ten die starke Ueberschuldung der Grundstücke über ihren Werth durch derartige abstrakte Belastungsscheine. Dass solche Papiere trotz ihrer Werthlosigkeit oft genug Käufer finden und die Solidität des Verkehrslebens gefährden, ist dem Verfasser aus eigener Anschauung in früherer richterlicher Thätigkeit vor Augen getreten. Immerhin hat diese Verpfändungsform, deren Gefahren vor ihrer Einführung in Preussen vorhergesehen wurden und welche daher nicht ohne Widerspruch in das neuere preussische Recht eingedrungen ist, sich auf diesem Gebiete doch so viel Freunde erworben, dass ihre Beibehaltung mehrfach Billigung gefunden hat [1]).

In diese Viergestaltung der Grundstückspfänder [2]), welche an die Stelle der preussischrechtlichen Hypothek und Grundschuld vier Arten setzt, würde sich höchstens durch eine Beseitigung der Buchhypothek eine Vereinfachung bringen lassen, eine Streichung der sog. Sicherungshypothek aber sich schwerlich rechtfertigen [3]).

Die grosse Räthselfrage, ob es eine Eigenthümerhypothek giebt, oder ob dasjenige, was man so benennt, eigentlich etwas ganz anderes ist, hat der Entwurf dahin entschieden, dass er dies Recht einfach zuliess und regelte (§§ 1076, 1094—1101, für Grundschulden vgl. § 1142), ein Pfandrecht ohne accessorischen Charakter, gewisser Maassen ein neben dem Eigenthume stehendes Recht am Grundstückswerthe [4]). Dabei bleibt die Frage offen, ob nicht die Form dieser Anordnung einen Widerspruch in sich selbst enthält, weil sie dem Eigenthümer das Recht auf den Wert seiner Sache als eine besondere Befugniss gewährt, während es schon im Eigenthume liegt, und weil daher der Vortheil, der dem

---

[1]) Sogar durch einen Beschluss des preussischen Landes-Oekonomie-Collegiums, a. a. O., nr. 20, S. 132.
[2]) Vgl. über sie auch Levy in den *Verhandlungen des 20ten deutschen Juristentags*, Bd. 8, S. 261—286.
[3]) Die Formen der Revenuenhypothek und des sog. Nutzpfandes sind dem Entwurfe fern geblieben. Vgl. Brettner in Kohler's *Archiv f. bürg. R.*, Bd. 2, S. 179 ff.
[4]) Klöppel, a. a. O., S. 1445 hält es geradezu für eine Grundschuld.

sogen. Pfandgläubiger an eigener Sache zusteht, genau betrachtet nicht ein ihm eigenthümliches Recht ist, sondern eine Beschränkung der Rechte der Nachhypothekare, also nur eine Ausnahme ihres grundsätzlichen Nachrückens [1]). Diese Frage liegt jenseits der Grenze des Gebiets, welches der Gesetzgeber zu beherrschen vermag, und wird die Wissenschaft auch in Zukunft beschäftigen. In der Faustpfandsregelung treten vornehmlich zwei Unterschiede vom römischen Rechte hervor, welche sich allgemeiner Billigung erfreuen, nachdem das preussische Landrecht ihnen einen grossen Geltungskreis verschafft hat. Der eine liegt in der Erschwerung der Verpfändungsform, der andere in derjenigen der Veräusserungsform bei beweglichen Pfändern. Beseitigt sind hier die Pfandrechte aus formloser Abrede (§§ 1147, 1196) und der private Pfandverkauf (§§ 1171 ff.), der letztere freilich nur, sofern er nicht im beiderseitigen Interesse des Pfandgläubigers und des Pfandeigenthümers liegt, ein Fall, über dessen Vorhandensein allerdings leicht ein Streit entbrennen kann. Dass es sich bei diesen Abweichungen vom römischen Rechte um nationale Gegensätze handelt, wird mit Unrecht vielfach behauptet. Die Gründe, welche sich für das neuere Recht ins Feld führen lassen, müssen sich auch schon im römischen Verkehrsleben einsichtigen Rechtspflegern aufgedrängt haben. Beide Vorschriften haben vielmehr einen bevormundenden Charakter und steuern gewissenlosem und trügerischem Gebahren. Die Unzulässigkeit, Sachen, deren Besitz man nicht weggeben kann, einem Pfandrechte zu unterwerfen, macht den Eigenthümern eine betrügerische Doppelverpfändung ihrer Sachen zu deren vollem Werthe unmöglich und verhindert Handwerker so wie andere Arbeiter leichtsinniger Weise ihr unentbehrliches Werkzeug als Grundlage eines

---

[1]) Das System der sog. festen Prioritäten, welches den Grundsatz des Nachrückens verwirft, ist in den Entwurf nicht aufgenommen, vgl. hierüber die Gutachten von Staub und Arnheim in den *Gutachten aus dem Anwaltstande*, S. 407 ff., 1086 ff.

Credits anzusehen. Andrerseits ist aber diese Verbotsvorschrift leicht zu umgehen [1]) und beraubt wichtige Berufsstände (Viehzüchter, Fabrikanten, Handwerker u. dergl.), welche ihre Betriebswerkzeuge nicht aus der Hand geben können, der Möglichkeit, auf das in diesen Sachen steckende Capital in wirthschaftlichen Nothlagen Darlehnssummen aufzunehmen [2]).

Abgeschafft ist die sog. retentio Gordiana (§ 1194), d. i. das für den Verkehr nur wenig bedeutsame Recht des Pfandgläubigers, nach Tilgung der Hauptschuld das Pfand wegen sonstiger Forderungen gegen dessen Eigenthümer zurückzubehalten [3]).

Der letzte Titel des Sachenrechts (Pfandrecht an Rechten, §§ 1206—1226) zeichnet sich durch das nicht unbedenkliche Streben aus, sehr ungleichartige Dinge, wie es die Pfandrechte an den verschiedenen Rechten sind, unter einheitliche Rechtsregeln zu bringen.

Das Familienrecht des Entwurfs ist in drei Theilen behandelt, die sich aus den natürlichen Beziehungen der Hausgenossen zu einander ergeben: 1. Eherecht; 2. Verwandtschaftsrecht, 3. Vormundschaftsrecht. Die an zweiter Stelle stehende „Verwandtschaft" ist eine Erweiterung der Vorschriften über väterliche Gewalt, welche die übliche Lehre zwischen Eherecht und Vormundschaftsrecht einzuschieben gewöhnt ist.

Eine Scheidung des sog. reinen Familienrechts vom Familiengüterrecht ist vermieden und zwar mit gutem Grunde. Beide Rechtszweige suchen auf eine angemessene Gestaltung der

---

[1]) Vgl. über diesen Punkt Loist, *die Sicherung von Forderungen durch Uebereignung von Mobilien*, Jena 1889, S. 6 ff. Vgl. auch Cosack, a. a. O., S. 14, 15.

[2]) Vgl. des Verfassers Ausführungen in den *Beiträgen zur Erläuterung des Deutschen Rechts*, Bd. 25, S. 177 ff., und hierzu Wernick in den *Gutachten aus dem Anwaltstande*, S. 376 ff. auch Ehrlich in den *Wiener Juristischen Blättern* 1891, Nr. 11, S. 123 ff., Nr. 12, S. 135 ff.

[3]) Für dasselbe aus Rücksicht auf das Verkehrsleben: Poland, *Bemerkungen zu d. Entwurf u. s. w.*, 1888, S. 13.

häusslichen Verhältnisse hinzuwirken und man würde sie wohl nicht so oft von einander gesondert haben, wenn nicht rechtsgeschichtliche Ursachen auf dem Eherechtsgebiete dazu gedrängt hätten. Eheschliessungen und Ehetrennungen galten lange Zeit als kirchliche Sachen, ihre Verweltlichung liegt in dem Entwurfe als das Endergebniss einer langen Entwicklung vor uns ¹).

Die kirchliche Herkunft dürfen diese Gebiete jedoch niemals gänzlich verleugnen. In der Sonderung der reinen Familienrechte von den Vermögensangelegenheiten liegt eine Anerkennung der Menschenwürde, der stärkste Rückschlag gegen die Gleichstellung der Hausgenossen mit den vernunftlosen Sachen, von der einst das altrömische Recht ausgegangen war. In diesem Sinne bahnt das Einführungsgesetz zum neuen Gesetzbuche in einigen Bestimmungen, welche dem Entwurfe selbst bereits in der Form von Anmerkungen beigefügt sind (§§ 627a—627c), einen bedeutsamen Fortschritt an, den Versuch, die Familienrechtsprocesse in ihren Hauptgrundsätzen zu den vermögensrechtlichen Streitigkeiten in Gegensatz zu stellen, und beugt namentlich für derartige Processe Rechtsveränderungen vor, welche in Folge einer unsachgemässen Processführung eintreten könnten ²).

Im Beginne des Eherechtes ³) bemerkt der Entwurf (§ 1227): „Durch das Verlöbniss wird eine Verbindlichkeit der Verlobten zur Schliessung der Ehe nicht begründet." Einem ungenannten Beurteiler des Werkes (in einem Zeitungsartikel)

---

¹) Scheurl, *Archiv f. civ. Praxis*, Bd. 74, S. 387—398, führt mit Recht hierzu aus, dass das protestantische Eherecht dem weltlichen Eherechte des Staates den Weg gebahnt hat.

²) Umfang und Ziel dieser durchgreifenden Reform hat der Verfasser zum Gegenstande einer besonderen Schrift gemacht: *Die Eideszuschiebung in Familienrechtsprocessen*. Marburg, Elwert 1890 (in den *Festgaben der juristischen Facultät zu Marburg für Georg Wilhelm Wetzell*, Marburg, Elwert 1890, S. 25 ff.).

³) Vgl. zu diesem Berolzheimer in den *Gutachten aus dem Anwaltstande*, S. 295 ff.; auch Pfizer, *Ehe, Staat und Kirche*, Hamburg 1890 (*Deutsche Zeit- und Streitfragen*, Nr. 72).

erschien dies so wunderlich, dass er glaubte, hier müsse das „nicht" auf einem Druckfehler beruhen [1]). In Wahrheit will der angeführte Text die Treulosigkeit der Verlobten nicht geradezu als berechtigt hinstellen, sondern nur eine klagbare Verpflichtung ablehnen. Er hält offenbar bei einem Zerwürfnisse unter Brautleuten das Auseinandergehen für ein geringeres Uebel als eine widerwillige Eheschliessung.

Auf dem Gebiete des Eheschliessungsrechtes hat das Deutsche Einheitsbedürfniss die Entstehung der neuen Privatrechtsordnung nicht abgewartet, sondern zu dem Reichs-Gesetze vom 6ten Februar 1875 geführt, das für ganz Deutschland die unumgängliche Civilehe angeordnet hat. Der Inhalt dieses Gesetzes liegt mit wenigen Abweichungen, die es den übrigen Theilen des Entwurfs anzupassen suchen, dem Eheschliessungsrechte des Entwurfs zu Grunde. Unter den Ursachen ungültiger Ehen werden Nichtigkeits- und Anfechtungsgründe unterschieden; jene sind die Gründe einer Ungültigkeit, welche von einer Anfechtungserklärung unabhängig sind, diese die Gründe einer solchen, welche von einer derartigen Erklärung abhängen [2]). Die „nur auf Wunsch eines Gatten zerstörbare" Ehe und die „auch wider den Willen beider Gatten zerstörbare" Ehe, das ist ungefähr der Gegensatz zwischen der anfechtbaren und der nichtigen Ehe in der Redeweise des Entwurfes.

Dabei ist ein Einklang zwischen der Ausdrucksweise des Eherechts und derjenigen des allgemeinen Theils (§§ 108 ff.) zwar angestrebt, indessen keineswegs hergestellt. „Nichtig" heisst sonst das ohne Anfechtungserklärung ungiltige; in diesem Sinne giebt es (abgesehn von § 1252, Absatz 2) nichtige Ehen überhaupt nicht. In Anlehnung an das gemeine Recht bestimmt vielmehr der Entwurf (§ 1252, Absatz 1), dass in der Regel jede thatsächlich (d. h. in gehöriger Form)

---

[1]) Vgl. auch Stolterfoth, *Beiträge zur Beurteilung des Entw.*, Leipzig, 1890, S. 82.
[2]) Vgl. hierüber Fischer in Jhering's *dogm. Jahrb.*, Bd. 29, S. 248 ff.

geschlossene Ehe so lange giltig ist, bis eine richterliche Nichtigkeitserklärung sie zerstört. Die Rücksicht auf die vielen am Bestande einer Heirath betheiligten Dritten duldet keine Rechtsunsicherheit in der Frage, ob eine Ehe giltig ist, und darum auch keine unsichtbare, nicht obrigkeitlich anerkannte Ungiltigkeit eines so wichtigen Verhältnisses. Die scheinbare Ausnahme, welche hiervon gemacht ist (§ 1252, 2), ist keine wahre Ausnahme. Die wegen Formmangels unzulängliche Eheschliessung soll auch ohne Nichtigkeitserklärung keine Ehe nach sich ziehen. Dies folgt aber schon daraus, dass hier gar keine Eheschliessung vorhanden ist, nicht einmal eine nichtige, sondern höchstens, so zu sagen, der Versuch einer Eheschliessung. Die Verwechslung des Nichtigen mit dem überhaupt nicht Vorhandenen ist ein hartnäckiges Grundübel der neueren Wissenschaft, und die Redeweise des Entwurfs passt sich ihm an. Wo der Thatbestand eines Vertragsschlusses vorliegt, da kann man immerhin von einem Vertrage reden und ihm das Beiwort „hohl" oder „nichtig" anhängen, sobald er unfähig ist, die in ihm angeordneten Folgen hervorzurufen. Wo jedoch ein solcher Thatbestand gar nicht vorhanden ist, da sollte man von einem Vertrage überhaupt nicht reden, auch nicht unter Hinzufügung eines Beiwortes, das seine Werthlosigkeit kennzeichnet. Hinsichtlich der Anfechtungsgründe darf nicht verschwiegen werden, dass hier unter der Nachwirkung älterer individualistischer Doktrinen den Wünschen der Einzelnen gegenüber dem allgemeinen Bedürfnisse nach Erhaltung der Würde der Ehe ein sehr weiter, vielleicht ein zu weiter Spielraum gewährt ist, namentlich hinsichtlich der Anfechtung der Ehe wegen Betruges (§ 1259)[1].

---

[1] Der Verfasser hat dies näher ausgeführt in seiner Schrift: *Der Irrthum als Nichtigkeitsgrund*, §§ 70 ff., *Verhandlungen des 20ten Juristentages*, Bd. 2, S. 92 ff. Vgl. auch Hinschius im *Arch. f. civ. Praxis*, Bd. 74, S. 69 ff. — Schilling, *Aphorismen zu dem Entwurfe* u. s. w., Cöln 1888, S. 15 meint, dass, wenn der Entwurf mit dem Eherecht als integrirendem Bestandtheile zur Abstimmung im Reichstag

Unter den „Wirkungen der Ehe" (§§ 1272 ff.) versteht der Entwurf theils allgemeine Grundsätze, die das Verhältniss der Gatten regeln, theils die Lösung der schwierigen Frage des ehelichen Güterrechts, vielleicht der schwierigsten, welche den Verfassern des Entwurfes vorlag [1]). In der allgemeinen Auffassung des ehelichen Verhältnisses hat das Gesetzeswerk sich von der ungeschichtlichen Anschauung früherer Zeiten, welche auf dem Privatrechtsgebiete die Wünsche des Einzelnen überall den allgemeinen überzuordnen geneigt war, durchaus freigemacht. Er fasst den Lebensbund zwischen Mann und Frau als das innige Verhältniss auf, welches es schon aus Rücksicht auf die menschliche Würde sein soll und muss [2]). Damit hängt ein Übergewicht der Stimme des Mannes als des Vorkämpfers des Familienwohls (§ 1273) nicht minder zusammen, als das Recht der Frau, den Mann im häuslichen Wirkungskreise zu vertreten (§ 1278).

Bei der Lösung der schwierigen Fragen des ehelichen Güterrechts wurde die Gesetzgebungscommission ganz auf das Gebiet der germanistischen Privatrechtswissenschaft hinübergeführt, deren bedeutendste Vertreter zugleich die entschiedensten Gegner des Entwurfes sind [3]). Und doch ist gerade hier nicht ohne Glück ein überaus kühner Wurf gewagt worden: Herstellung eines einheitlichen gesetzlichen Güterstandes gegenüber einer Unzahl zersplitterter Rechtssysteme [4]). Gerade auf dem Eherechtsgebiete schien der Deut-

---

gebracht werden sollte, die katholischen Abgeordneten dem Ganzen ihre Zustimmung würden versagen müssen.

[1]) Mitteis in der *Zeitschrift für das Privat- und öffentliche Recht der Gegenwart*, Bd. 16, S. 545.

[2]) Dieser Gedanke durchzieht auch den vortrefflich geschriebenen vierten Band der Motive.

[3]) Vgl. hierzu namentlich Gierke, *der Entwurf*, S. 393 ff. — Schröder, *das Familiengüterrecht in dem Entwurfe* u. s. w., 1889. Etwas günstiger beurtheilt diesen Theil des Entwurfes hinsichtlich des Inhalts (nicht hinsichtlich der Form) Mitteis, in Grünhut's *Zeitschrift f. d. Privat- und öffentl. R. der Gegenwart*, Bd. 16, S. 545 ff.

[4]) Allerdings ist gerade hier die Schwerfälligkeit der Form in besonders hohem Grade angegriffen worden. Bähr hat deshalb im *Archiv*

sche Particularismus besonders berechtigt zu sein; die Sesshaftigkeit des Hausstandes erschien vor allem zu erheischen, dass seine rechtliche Regelung an die Scholle gebunden blieb, und zwar an die althergebrachten Formen, die sich auf ihr eingenistet hatten [1]). Ja selbst bei der Veränderung des Wohnsitzes hielten viele die Unwandelbarkeit des ehelichen Rechts für das Natürliche. Hier war es ein Wagniss, den veränderten Zeit- und Verkehrsverhältnissen Rechnung zu tragen, insbesondere die Folgen der Freizügigkeit ins Auge zu fassen und Deutschland auch da zu einigen, wo es bisher die Sondereigenthümlichkeiten seiner Theilgebiete am hartnäckigsten gewahrt hatte. Neben einer einheitlichen regelmässigen Ordnung des Güterrechts sind mehrere Ausnahms-Systeme aufgestellt, nur um den Parteien zur Auswahl dienen zu können. Beseitigt ist der Fortbestand aller der andern zahlreichen Systeme, welche in Deutschland gelten, sogar die Möglichkeit, sie durch Privatverträge von den Todten aufzuerwecken [2]).

Wenn man aber die grundsätzliche Einigung des Güterrechts, seine nähere Ausgestaltung in der regelmässigen Form wie in den Ausnahmssystemen würdigen will, so muss man sich von zwei Gedanken frei machen, welche, wie die Kritiken des Entwurfs beweisen, auf diesem Gebiete einen übergrossen Einfluss ausgeübt haben: einer Ueberschätzung des Einflusses, den das Recht überhaupt auf das Familienleben auszuüben im Stande ist, und einer übertriebenen Schätzung des Werthes der Nationaleigenthümlichkeiten für die Gestaltung des ehelichen Güterrechtes.

---

f. bürg. R. (Bd. 1, N. 3, S. 233—266) einen Gegenentwurf veröffentlicht, durch welchen er veranschaulichen will, dass sich die Lehre vom ehelichen Güterrecht mit weit geringeren Mitteln hätte verständlich machen lassen.

[1]) Wider die vom Entwurfe vertretene Einheitlichkeit erklärt sich daher Bähr in Kohler's *Archiv f. bürg. R.*, Bd. 1, S. 233 ff. Vgl. dagegen Mommsen, *Arch. f. civ. Praxis*, Bd. 76, S. 162.

[2]) Hierdurch wurden die Uebergangsbestimmungen zu diesem Theile des Rechtes von ganz besonderer Bedeutung, vgl. über sie die *Motive zum Einführungsgesetze*, S. 280 ff.

Zunächst hat die im Entwurfe vielfach gewährte Möglichkeit von Processen zwischen den Gatten wohl in zu hohem Maasse die Besorgniss erweckt, dass das Mögliche auch wirklich werden und das zukünftige Eheleben in eine Kette gerichtlicher Streitigkeiten ausarten könnte. Was das Recht erlaubt, verbieten oft Sitte, Religion und natürliche Liebe; ja selbst den Befehlen der Staatsordnung stellen diese unsichtbaren Mächte häufig genug eine hemmende Kraft entgegen. Die deutsche Ehe würde sich in ihren Vorzügen durch keinerlei Gesetzesvorschrift verunstalten lassen und eine mangelhafte Gesetzgebung würde höchstens eine Entwerthung des Rechtsschutzes bewirken, nicht eine Zerstörung der Verhältnisse, welche dieses Schutzes bedürfen. Wäre es die regelmässige Gestaltung der Ehe, welche der Gesetzgeber zu bestimmen hätte, so würden allerdings seine Vorschriften in hohem Maasse räumlichen und zeitlichen Verschiedenheiten anzupassen sein. Da aber jene Gestaltung vornehmlich der Sitte gebührt und es lediglich die Aufgabe des Gesetzgebers ist, die Störungen abzuwehren, welche einer solchen Gestaltung von Seiten der in Raum und Zeit immer wiederkehrenden menschlichen Schwächen drohen, so ergiebt sich, dass gewisse Gefahren, denen das Recht vorzubeugen sucht, immer wieder Berücksichtigung verlangen. Die Ausbeutungsgelüste und der Leichtsinn des Mannes wie das Misstrauen und die Herrschsucht der Frau sind Untugenden, mit denen die Gesetzgebung überall zu rechnen haben wird. Richtig ist nur, dass das Recht seinen Schutz nicht stets und überall in der gleichen Stärke den Bedürfnissen beider Parteien gewähren kann. Der gewaltige Umfang der Mannesrechte in der altrömischen Manusehe, ein Überrest einer patriarchalischen Gesellschaftsordnung, und die rücksichtslos durchgeführte Gütertrennung in der Zeit des Sittenverfalls bilden zwei extreme römische Gestaltungen des Eherechtes, gewissermaassen ein patricisches und ein plebejisches Ideal, zwischen denen sich die Deutsche Entwicklung überall in der Mitte hält. Allein auch die Richtung der erwünschten Mittellinie wird nicht stets und überall dieselbe sein können, und zwar werden hierbei die nationalen Verschiedenheiten der Rechtssätze weniger in Betracht kommen, als der allgemeine Entwicklungsgrad der wirthschaftlichen und gesellschaftlichen Verhältnisse des Volkes. Leider führt überall und auch bei uns die Entwicklung nicht bei allen Volksschichten zu denselben Schutzbedürfnissen. In der Bemerkung eines Kritikers [1]) des Entwurfes, dass für die verschiedenen Vermögensklassen verschiedene Wirthschaftsordnungen angemessen sind, liegt zweifellos ein richtiger Kern. Für die meistbegünstigste wohlhabende Volksschicht, in welcher Geschäftskenntniss ein Vorrecht des stärkeren Geschlechts zu sein pflegt, hält er eine Verwaltungsgemeinschaft mit überwiegenden Mannesrechten für angemessen; für den Mittelstand, in welchem Mann und Frau oft mit einander arbeiten, eine Errungenschaftsgemeinschaft, für die ärmeren Klassen, in denen jede der beiden Ehehälften mit gleicher Kraft den Nahrungssorgen zu steuern sucht, die Gütergemeinschaft, wogegen freilich zu bemerken ist, dass bei den Armen der Unterschied zwischen Errungenschafts- und Gütergemeinschaft kein grosser ist, und die Selbstständigkeit der weiblichen Berufsthätigkeit hier eher die Gütertrennung als passend erscheinen lässt. Allein diese Verschiedenheit der wirthschaftlichen Bedürfnisse ist nur von geringem Werthe für unsern Gesetzgeber, welchem die politische Lage verbietet, Kasten zu bilden. Der Mittelstand hat keine scharfen Grenzen, weder nach oben noch nach unten; die erwähnten drei Volksklassen gehen in der Wirklichkeit unmerklich in einander über, wie die Farben des Regenbogens. Darum verlangen sie für sich ein einheitliches, kein dreifaltiges Recht.

Dass der Entwurf hierbei nicht die Mittelstrasse der Gütergemeinschaft eingeschlagen hat, ist ihm zum Vorwurfe gemacht worden [2]), weil diese Rechtsordnung der Innigkeit des

---
[1]) **Menger**, *das bürgerliche Recht und die besitzlosen Volksklassen*, S. 32.
[2]) Von **Mommsen** im *Archiv f. civ. Praxis*, Bd. 76, S. 171 ff.

ehelichen Lebens in hohem Maasse förderlich ist; nur sind leider die erheblichen Vermögensopfer, welche sie den Gatten zumuthet, ein für diesen Zweck übermässig starkes Mittel. Überhaupt ist der geschäftstreibende Mittelstand derjenige, welcher noch am ersten im Stande ist, ein unpassendes gesetzliches Güterrecht durch Eheverträge von sich abzuwehren. Bei der Wahl zwischen der Verwaltungsgemeinschaft und der Gütertrennung gab aber der Entwurf der ersteren den Vorzug [1]), nicht, wie Menger meint [2]), aus Missgunst wider die Armen, sondern in der berechtigten Hoffnung, dass mit steigender Gesittung und zunehmendem Wohlstande allmählich auch die unteren Klassen die Fähigkeit gewinnen werden, sich der Lebensordnung der höheren anzupassen. Allerdings sind dem Gedanken der Gütertrennung starke Zugeständnisse gemacht worden. Die Rechte des Mannes sind in erheblichem Maasse abgeschwächt, um den Zeitverhältnissen Rechnung zu tragen. Bei dem Streben nach einem nicht blos der Deutschen Art, sondern auch ihrer gegenwärtigen Entwicklungsstufe entsprechenden Rechte war sogar das römisch-plebejische System der unbedingten Gütertrennung durch beachtenswerthe Stimmen aus dem Volke empfohlen worden [3]). Es erscheint dies nicht wunderbar, da es, wie gesagt, den untersten breiten Volksschichten besonders zuzusagen scheint und einem neueren vielverbreiteten Streben nach Frauenemancipation entspricht. Indem jedoch die Gesetzgebungscommission in Anlehnung an die germanistische Wissenschaft die Gütertrennung nicht zur normalen Form erhob, hat sie nicht blos im nationaldeutschen Sinne ein gutes Werk gethan, sondern auch vom

---

[1]) In Uebereinstimmung mit den Beschlüssen des 12ten und 13ten Juristentags (*Verhandlungen*, Bd. 2, S. 33—80, 302 ff. bezw. Bd. 2, S. 65—137, 407—415), in denen namentlich Schröder's Eingreifen von grossem Einflusse war.

[2]) A. a. O., S. 33.

[3]) Vgl. das Organ des allgemeinen Deutschen Frauenvereins: *Neue Bahnen*, nr. 8—11, und *einige deutsche Gesetzesparagraphen über die Stellung der Frauen*, herausg. vom allg. Deutschen Frauenverein, Leipzig 1876, angezogen in den *Motiven*, Bd. 4, S. 143.

allgemein menschlichen Standpunkte einer Einseitigkeit der Rechtsordnung vorgebeugt. Der Schutz der Frau ist, wie wir oben sahen, doch nur die eine Seite des ehelichen Güterrechts; neben ihm und den Interessen redlicher Dritter, welche mit den Ehegatten in Beziehungen treten, bedarf auch die Würde des vermögenslosen Mannes, der für den Unterhalt des Hauses verantwortlich ist, des Schutzes. In dieser Hinsicht sind ganz besonders von germanistischer Seite Bedenken gegen den Entwurf erhoben worden, namentlich deshalb, weil er das Mobilienveräusserungsrecht des Mannes streicht [1]). Man hat von „Handschellen", die dem Manne angelegt sind, und von einer „undeutschen" Gestaltung des vaterländischen Familienlebens geredet. Allein auch hier handelt es sich im Grunde nicht um eine blos nationale Frage. Bei allen Völkern drängt die Entwicklung dahin, die Lage der Frau mehr und mehr zu verbessern. Je schwächer und ärmer der Staat ist, desto wichtiger ist Selbsthilfe und kampfesfreudiges Auftreten vor Gericht und im Verkehr. Dort muss die Frau ihr hilfloses Dasein dem Manne völlig opfern, um Sicherheit und Schutz zu erlangen. Je strenger die Staatszucht wird, desto milder werden die Sitten und desto weniger bedarf die Frau der Vertheidigung durch den Ehemann. In der Zeit unbedingten Faustrechts nahezu genöthigt, sich einer Dienerin gleichzustellen, wird sie da, wo das Beamtenthum und die Anwaltschaft ihr hilfreichen Beistand leisten und ein entwickeltes Verkehrsleben sie mit einer Schutzmauer umgiebt, selbstständig und schliesslich sogar leicht zur Tyrannin des Hauses. Nirgends ist diese Entwicklung zu so scharfer Ausprägung gekommen, wie in der römischen Rechtsgeschichte auf dem Wege von der alten Manusehe bis zur Gesetzgebung Justinian's, welchen man einen „legislator uxorius" genannt hat. Es mag also immerhin richtig sein, dass dem neuesten römischen Recht eine allzu scharfe Betonung der weiblichen Interessen innewohnte. Indem Deutschland aber in der Lage war,

---

[1]) Vgl. insbesondere Schröder, *Verhandlungen des 21ten Deutschen Juristentags*, S. 167.

eine der römischen ähnliche Entwicklung nochmals durchzumachen, konnte es sich von vorn herein davor hüten, sie ausarten zu lassen. Auch in Deutschland musste die Lage der Frau mit der Möglichkeit eines unabhängigen Auftretens sich verbessern, und ein radicaler Evolutionismus drängt dahin, diesen Entwicklungsgang bis aufs äusserste Maass der Frauenemancipation fortzutreiben. Geht man jedoch davon aus, dass die werthvollen Gedanken früherer Zeiten in die höhere Culturstufe so viel, wie möglich, hinüberzunehmen sind, so muss man aus der altdeutschen „gewere zur rechten Vormundschaft" so viel zu retten suchen, als den veränderten Zeitverhältnissen entspricht. Insofern ist also der Kampf der germanistischen Wissenschaft gegen eine allzu starke Einschränkung der ehemännlichen Befugnisse grundsätzlich zu billigen. Nur darf nicht übersehen werden, dass das deutsche Haus der Gegenwart sich seit der Zeit des Sachsenspiegels nicht bloss äusserlich fortentwickelt hat und dass die neudeutsche Abweichung vom altdeutschen nicht ohne Weiteres „undeutsch" ist [1]).

Dass das mitgebrachte Gut der Frau z. B. nicht mehr den vorehelichen Schulden des Mannes zum Opfer fällt, also das Sprüchwort: „Die den Mann traut, traut dessen Schulden" nicht gelten soll, ist ein Fortschritt gegen ältere Rechtszustände, denen kein weibliches Opfer für die Ehre des Mannes hoch genug schien. Dass es sich bei solchen Fragen nicht um eine deutsche Nationaleigenthümlichkeit, sondern um eine Besonderheit der niedrigeren Entwicklungsstufe handelt, beweist ein Blick auf die altrömische Manusehe. Ein Gegendruck gegen die Beutepläne verschuldeter Lebemänner und verunglückter Speculanten, welche sich bei ihrem leichtsinnigen Treiben die Ehe als einen Rückzugshafen vorbehalten und in der Gattin nur die wirtschaftliche Erretterin suchen, ist unter der Undurchsichtigkeit der modernen Lebens- und Vermögensverhältnisse nöthiger geworden als früher. Insoweit

---

[1]) Vlg. Planck, *Archiv f. civ. Praxis*, Bd. 75, S. 352.

also liegt in diesen Grundsätzen der Gütertrennung ein beachtenswerther vom Entwurfe anerkannter Kern. Dagegen ist aus der altdeutschen Zeit her der Grundsatz gewahrt, dass das Mitgebrachte, nicht blos insoweit zu Wirthschaftszwecken ein besonderes Haushaltungsvermögen als dos bestellt ist, sondern vollständig als „Ehegut" in des Mannes Verwaltung tritt, soweit es die Frau nicht eigener Verwaltung vorbehalten hat (Vorbehaltsgut). So ist und bleibt er Herr, auch im Hause der Frau, und dessen Vertheidiger nach aussen. Dass er auch die Nutzniessung des Ehegutes ganz behält und daher alle Ersparnisse für sich und nicht für die Frau zurücklegen darf, entspricht gleichfalls althergebrachten, heutzutage allseitig verbreiteten Anschauungen, welche sich übrigens doch wohl kaum in alle Zukunft erhalten werden. Dass der Mann aus dem Frauengute zum Nachtheile der Frau und ihrer Kinder und zum eigenen Besten, sowie zum Wohle der Kinder aus einer früheren Ehe, Ersparnisse machen darf, dies dürfte wohl ein Ueberrest seiner unumschränkten Herrschergewalt sein, wie sie eben nur auf der niederen Entwicklungsstufe dem Schutzbedürfnisse der Frau entsprach [1]).

Am Meisten hat der Entwurf die Sicherheit des Frauengutes insofern begünstigt, als er die Veräusserungsrechte des Ehemanns in hohem Maasse beeinträchtigt (vgl. § 1319). Er bricht hier allerdings mit dem deutschen Satze: „Wem ich meinen Leib gönne, dem gönne ich auch mein Gut" [2]) und mit deutschrechtlichen Gesetzgebungsvorbildern [3]). Soweit der

---

[1]) Der Verfasser glaubt, dass die Zukunft dem Manne nur den Anspruch auf Ueberweisung eines angemessenen Haushaltungskapitals zu unbeaufsichtigter, aber verantwortlicher Verwaltung gewähren wird.
[2]) Vgl. Schröder, *Verhandlungen des 21ten Deutschen Juristentags*, Bd. 1, S. 166. Bei den Töchtern unseres Zeitalters weicht die Empfindung der reichen Erbin, welche sich glücklich preist, wenn der Erwählte des Herzens ihr Gut dahinnimmt, in der Regel vorsichtigeren Erwägungen, und es ist fraglich, ob der Gesetzgeber die Macht besitzt, sie zu der opferfreudigen Denkweise früherer Zeiten zurückzudrängen.
[3]) Schröder, a. a. O., S. 168, Anm. 4.

Mann für die Haushaltungswirthschaft handelt, erscheint seine Beschränkung vielleicht zu hart; soweit er jedoch darüber hinaus Veräusserungswünsche hegt, ist die Strenge des Entwurfs nicht ungerechtfertigt. Die Gefahr einer Verschleuderung des Frauengutes während der Ehe ist sehr gross, nicht minder gross, als die Gefahr seiner Verschuldung. Nicht blos sträflichem Eigennutze, sondern auch einem berechtigten Gefühle der Selbsterhaltung und der Kindesliebe entstammt der Wunsch der Frau, nicht ein Opfer ihres Mannes zu werden. Durch die neuere Entwicklung sind die altdeutschen Anschauungen durchbrochen. Das Vertrauen der Gesetzgeber in schlichten, ländlichen Zuständen, die arm an Versuchungen und an Mitteln zur Befriedigung unerlaubter Gelüste waren, passt nicht mehr auf entwickeltere Lebensverhältnisse. Dies hat schon das neuere preussische Recht zu weitgehenden Interventionsrechten der Frau geführt, einem Seitenstücke zu dem Pfandprivileg, mit dem die oströmische Gattin ihre dos den Gläubigern des Mannes entreissen durfte. Ja, das berechtigte Schutzbedürfniss der Frau geht noch weiter. Ihr liegt nicht nur an der Erhaltung ihres Kapitals, sondern auch an einer solchen Verwendung ihrer Einkünfte, welche der Lebensführung des Mannes dient, dessen Namen und Wohl mit dem ihrigen eng verknüpft ist. Einer derartigen Erwägung entstammt die Vorschrift, dass auch die Früchte des ehelichen Nutzungsrechts des Mannes seinen Gläubigern entzogen sein sollen, soweit sein standesgemässer Unterhalt es verlangt (§ 1299).

Der Erwerb der Frau während der Ehe [1]) ist auch erst nach der Ueberwindung einfacherer wirthschaftlicher Verhältnisse von gesetzgeberischer Bedeutung geworden. Ursprünglich kam er nur im Dienste der ehemännlichen Wirthschaft in Frage; insoweit führt er auch jetzt nur noch zum Man-

---

[1]) Brühl spricht von einem „Arbeitsvermögen" der Frau, das von ihrem „Kapitalvermögen" grundsätzlich gesondert werden soll (*Archiv f. civ. Praxis*, Bd. 73, S. 400; Bd. 74, S. 399 ff., und *Verhandlungen des 21ten Deutschen Juristentags*, Bd. 1, S. 172 ff., besonders S. 205).

neserwerbe. Das sonstige Einkommen soll in Zukunft freies Eigenthum der Frau werden (§ 1289).

Neben diesem regelmässigen Güterrechtssysteme, das man mit dem neuerdings üblichen Ausdruck *Verwaltungseinheit* bezeichnen kann, überlässt der Entwurf dem Privatbelieben der Gatten einige Ausnahmsformen zur freiwilligen Annahme [1]). Diese Verträge sind zum Schutze redlicher Dritter an gewisse öffentliche Formen geknüpft; insbesondere dient hier ein „eherechtliches Register" (§§ 1435 ff.) zur Sicherung des Verkehrslebens. Die Güterrechtsordnungen, welche auf diese Weise giltig werden können, sind drei Gütergemeinschaftsformen (die allgemeine Gütergemeinschaft, die Errungenschaftsgemeinschaft und die Gemeinschaft des beweglichen Vermögens und der Errungenschaft), und eine zu Gunsten des Mannes beschränkte Gütertrennung. Bei dieser letzteren finden wir einen neuen beachtenswerthen Gedanken. Die Frau muss aus ihrem Erwerbe einen Beitrag zu den ehelichen Lasten leisten. Hier ist ein neues ehemännliches Recht ausgeprägt: Anspruch auf Beitrag zu den ehelichen Lasten [2]). Besser wäre eine Verallgemeinerung dieser Befugniss zu einem Anspruch auf Ueberlassung eines Kapitals, dessen Zinsen zu einer verhältnissmässigen Deckung der ehelichen Kosten ausreichend sind. In dieser Bestimmung ist eine lobenswerthe Rücksicht auf die Würde und die Aufgabe des Mannes zu sehen, welche die deutsche Rechtsentwicklung im Gegensatz zur spätrömischen zu schonen verstanden hat.

Das Eherecht des Entwurfes schliesst mit dem Scheidungsrechte [3]). Diesem Theile des Gesetzbuchs lässt sich der Vorwurf einer allzugrossen Rücksicht auf die Bedürfnisse der

---

[1]) Dass auch noch während der Ehe eine solche Wahl des Güterrechts erlaubt sein soll, hält Mommsen im Hinblicke auf die Creditverhältnisse für bedenklich (*Archiv f. civ. Praxis*, Bd. 76, S. 192).

[2]) § 1339. Klöppel, *Gutachten aus dem Anwaltstande*, nennt diesen Ausspruch „stark verklausuliert" (S. 1463).

[3]) Vgl. hierzu Thudichum im *Archiv f. civ. Praxis*, Bd. 76, S. 193.

Einzelnen gegenüber dem Wohle des Ganzen sicherlich nicht machen. Der Entwurf sticht hier vielmehr in vortheilhafter Weise von der grossen Freiheit ab, mit der das preussische Landrecht das Ehescheidungsrecht behandelte. Leider blieb hierbei ein gewisser Doktrinarismus nicht aus, d. h. eine verfehlte Methode, nach der man nicht die einzelnen möglichen Scheidungsgründe ihrer Zulässigkeit nach, den einen hinter dem andern, prüfte, sondern schlankweg ein allgemeines „Princip" suchte, das man denn in dem Satze fand: „Ohne Verschuldung keine Möglichkeit, eine Scheidung erdulden zu müssen". So stritt man denn den Gatten schlechtweg das Recht ab, wegen Geisteskrankheit des andern Theils eine Scheidung zu erlangen. Diese Bestimmung verwarf als zu hart ein Beschluss des 20ten Deutschen Juristentags [1]). Trotzdem wird man bei einer etwaigen Umgestaltung dieses Punktes hoffentlich nicht übersehen, dass unmöglich jede augenblicklich für unheilbar erklärte Geisteskrankheit einen Scheidungsgrund geben kann [2]). Es giebt Formen dieses Uebels, in denen es nicht blos für Hausgenossen ungefährlich ist, sondern eine Untreue des gesunden Gatten eher noch schärfer vom kranken empfunden wird, als im Zustande der Gesundheit, ja in denen der unglückliche Kranke der Pflege seitens des Gatten in besonders hohem Maasse bedarf.

Die Scheidungsgründe sind im Einzelnen: Ehebruch und einige ihm gleichgestellte Verbrechen (§ 1441), Lebensnachstellung (§ 1442) und bösliche Verlassung (§ 1443). Ausserdem kann (nach § 1444) richterliches Ermessen diese Scheidungsgründe erweitern und die Ehe bald für einige Zeit (höchstens 2 Jahre), bald für immer trennen [3]). Den alten Namen

---

[1]) Vgl. die *Verhandlungen des 20ten Deutschen Juristentags*, Bd. 4, S. 339 ff., S. 406: „Die Ehescheidungsgründe sind nicht auf die Fälle einer Verschuldung zu beschränken."

[2]) So der Wortlaut des Juristentagsbeschlusses, a. a. O., S. 407.

[3]) Auf Antrag Mayer's befürwortete der 20te Juristentag eine Einschränkung dieser weitgehenden richterlichen Befugniss (*Verhdl.*, Bd. 4, S. 408). Vergl. hierzu die Gutachten von Mayer und Jacobi in den *Verhandlungen*, Band 2, S. 92 ff., 110 ff. Daselbst auch Brie,

„Trennung von Tisch und Bett" (§§ 1444 ff.) verwendet der Entwurf als Namen der blos vorübergehenden Scheidung bei minder schlimmen Trennungsgründen. Die dauernde „Scheidung von Tisch und Bett" dagegen hat er nicht aufgenommen, in Anlehnung an das Reichsgesetz vom 6ten Februar 1875, welches sie verwarf.

S. 235, über die Ehescheidungsstrafen, statt deren der Entwurf eine blosse Unterhaltspflicht anordnet.

V.

Der zweite Haupttheil des Familienrechts, welcher von der Verwandtschaft handelt, zerfällt in acht Titel, deren Anordnung sich wohl verbessern liesse. Drei haben einen allgemeinern Inhalt. Nr. 1 redet von der ehelichen Abstammung als der Grundlage aller gesetzlichen Verwandtschaft und Nr. 2 von der Unterhaltspflicht der Verwandten, während Nr. 8, von diesen Titeln durch fünf andere getrennt, die Feststellung familienrechtlicher Verhältnisse betrifft und in einem einzigen Paragraphen (§ 1632) die Allseitigkeit der Rechtskraft der Urtheile in den wichtigsten Familiensachen bestimmt. Die übrigen Titel sind dem Verhältnisse zwischen Eltern und Kindern gewidmet.

In den Vorschriften über eheliche Abstammung (§§ 1466 ff.) sind bekannte Vermuthungen über die Ehelichkeit der in der Ehe geborenen Kinder im Wesentlichen dem gemeinen Rechte nachgebildet [1]). Wie die angetraute Ehefrau zunächst

---

[1]) Wider die allzugrosse Strenge dieser Vermuthungen Westrum in den *Gutachten aus dem Anwaltstande*, S. 969—974. Er giebt, S. 973, folgendes Beispiel: „Die deutsche Ehefrau eines deutschen Mannes, mit dem sie bis in die letzte Zeit verkehrt, entflieht mit ihrem Liebhaber, einem schwarzen Abkömmlinge unserer afrikanischen Besitzungen, und bringt fast 10 Monate später einen kleinen Mulatten zur Welt. Soll

die thatsächlich erlangte Würde der Ehefrau bewahrt, bis ihr die Eigenschaft der Gattin aberkannt ist, so geniesst auch das von einer verheiratheten Frau in die gesellschaftliche Stellung eines ehelichen Abkömmlings hineingeborene Kind zunächst den Vortheil dieser seiner Lage, bis seine Ehelichkeit ihm durch eine Anfechtung seitens des Vaters abgestreift worden ist (§§ 1467, 1470).

Bei Regelung der verwandtschaftlichen Unterhaltspflicht (§§ 1480 fl.) ist (im Einklange mit dem preussischen Landrechte) bestimmt, dass auch bedürftigen Geschwistern ein nothdürftiger Unterhalt zu gewähren ist (§§ 1480 und 1489); freilich ist hiergegen ein wohlbegründeter Widerspruch erhoben worden [1]).

Titel 3—7 sprechen von den rechtlichen Beziehungen der Eltern und Kinder. Zunächst sind die gesetzlichen Kinder erwähnt, sodann die Kinder aus ungültigen Ehen, ferner die unehelichen Kinder und neben ihnen in einem besonderu Titel (Nr. 6) ihre künstliche Erhebung zum vollen Kindesrechte (Legitimation), endlich die an Kindes Statt angenommenen Kinder. Die Eigenartigkeit dieser Eintheilung hängt mit der geminderten Bedeutung der väterlichen Gewalt zusammen, an deren Stelle eine auch der Mutter zugängliche „elterliche Gewalt" treten soll, ferner mit der Abschwächung, welche der Satz „spurii sine patre sunt" in der Deutschen Rechtsentwicklung erfahren hat, endlich mit der Verkleinerung der Adoptionskraft, so dass es wohl nicht mehr angängig erschien, Legitimation und Adoption einfach als Entstehungsgründe der väterlichen (oder elterlichen) Gewalt hinzustellen.

Auf den Boden des französischen Rechts stellt sich der Entwurf in der Grenze, welche er der kindlichen Hausabhängigkeit steckt (§ 1557, 1). Mit der Volljährigkeit des

---

dieser Mulatto als Kind ihres Ehemanns gelten? Der Entwurf sagt: ja! Der gesunde Menschenverstand sagt: nein!"

[1]) Von Ubbelohde im Archiv f. civ. Praxis, Bd. 75, S. 36 ff.

Kindes soll die elterliche Gewalt endigen [1]). Hierin liegt eine Annäherung des väterlichen Gewaltsverhältnisses an das Pflichtverhältniss der Vormundschaft. Die deutsche Rechtsentwicklung hat hier die schon in der römischen Geschichte erkennbare allmähliche Abschwächung des hausväterlichen Rechts in derselben Richtung weitergeführt. Beseitigt ist daher das Rechtsgeschäft der Emancipation, das eigentlich nur bei volljährigen, also voll erzogenen Kindern eine Berechtigung hatte, bei minderjährigen aber leicht auf eine pflichtwidrige Verstossung hinauslaufen konnte. So hat die deutsche „emancipatio tacita", welche sich an eine Hausstandsgründung anschloss, in ihrer Verschärfung durch das französische Recht, dem die blosse Volljährigkeit zur Befreiung aus der Gewalt genügt, die römische Vorläuferin verdrängt.

Der Umwandlung der väterlichen Gewalt zur Schutzpflicht entspricht auch eine starke obervormundschaftliche Aufsicht, die über der elterlichen Vermögensverwaltung steht (§§ 1544 ff.). Sie greift zwar nicht so weit, wie die dem Vormunde auferlegte gerichtliche Controle, aber dämmt immerhin die Macht des Hausherrn in empfindlichster Weise ein (vgl. auch § 1511).

Die Spuren des alten Gewaltverhältnisses, welches das Kind mit allem, was es erwarb, dem Herrschaftsrechte des Vaters unterwarf, sind jedoch keineswegs völlig verwischt. Der Hauptunterschied zwischen Vater und Vormund, das Nutzungsrecht des Vaters (§§ 1516—1537), ist beibehalten. Wie die Nutzung des Eheguts nicht auf die Haushaltungsbedürfnisse beschränkt ist, so greift auch der Niessbrauch am Kindesgute über die Erziehungs- und Unterhaltungskosten hinaus. Die Erfordernisse des Wohls des Schützlings setzen hier nicht den Befugnissen des Beschützers eine Grenze. Immerhin umfassen die letzteren nicht das volle Kindesver-

---

[1]) Code civil, Art. 372. *Motive*, Bd. 4, S. 727. Ebenso ein einstimmiger Beschluss des 12ten Deutschen Juristentages, Bd. 3, S. 62 ff.

mögen. Schon das neueste römische Recht unterschied das vom Vater nutzbare Kindesgut (peculium adventicium regulare) von dem nutzungsfreien Vermögen des Kindes; das letztere zerfiel bekanntlich in drei Gruppen (castrense, quasi castrense, adventicium irregulare), deren Unterschiede vorwiegend aus geschichtlichen Ursachen erklärbar sind, darum auf Deutschem Boden keinen rechten Anklang fanden und schon im preussischen Rechte unter dem Namen des „freien" Vermögens als ein Ganzes zusammengefasst waren. In gleichem Sinne unterscheidet der Entwurf nur unfreies und freies Kindesvermögen (§§ 1516 ff.). Der Niessbrauch am unfreien Gut soll jedoch bei verbrauchbaren Sachen nicht den allgemeinen Niessbrauchsregeln unterstehen (§ 1523)[1]), damit nicht der Gewalthaber durch Umsetzung des Kindesgutes in Geld das Kind in die Lage eines Schuldners hinabdrücken könne. Nur diejenigen verbrauchbaren Sachen, welche „durch Verbrauch genutzt zu werden pflegen" (ein sicherlich nicht scharf genug bestimmter Begriff), soll der Gewalthaber veräussern oder verbrauchen können.

Eine der kühnsten Neuerungen des Entwurfes (vom 19ten Deutschen Juristentag gebilligt)[2]) ist die Herstellung einer mütterlichen Gewalt mit ähnlichen Befugnissen, wie sie der väterlichen innewohnen. Sie soll sowohl nach dem gänzlichen Wegfall der letzteren, als auch, wenn diese ruht, an deren Stelle treten (§§ 1501, 1555). Der Schwäche des weiblichen Geschlechts, welcher diese neue Anordnung zu trotzen scheint, ist dabei wenigstens soweit Rechnung getragen, als der Mutter unter gewissen Bedingungen ein Beistand zur Seite treten soll (§§ 1538 ff.). Diese elterliche Gewalt der Mutter wird sich in vielen Punkten mit der schon jetzt zulässigen und häufigen mütterlichen Vormundschaft decken[3]). Somit erscheint

---

[1]) Aehnliches bestimmt für Ehefrauen § 1294 (S. *Motive*, Bd. 4, S. 778).
[2]) Vgl. Pfaff in den *Verhandlungen des 19ten Juristentags*, Bd. 2, S. 153 ff. und Kohler, ebenda, S. 220 ff.; Bd. 3, S. 136, 137.
[3]) Vgl. Klöppel in den *Gutachten aus dem Anwaltstande*, S. 1470.

sie nicht als eine willkürliche Neuschöpfung, sondern vermag eine geschichtliche Wurzel nachzuweisen. Die rechtliche Lage der Kinder aus ungültigen Ehen ist von ähnlichen Gedanken aus geordnet, wie sie für das kanonische Recht bei seinen Vorschriften über matrimonia putativa leitend waren. Zur Sicherung Unschuldiger gegen allzu schwere unverdiente Nachtheile ist hier die Strenge des Rechts gemildert (§§ 1562—1567).

Die unehelichen Kinder stehen im Verhältnisse zu ihrer Mutter auf dem ihnen günstigen Boden des römischen Rechts (§§ 1568 ff.); doch ist ihr nicht die elterliche Gewalt anvertraut, sondern nur eine Sorge für die Person des Kindes (§ 1570). Dem Vater ist die Pflicht zur Ernährung bis zum vollendeten 14ten Lebensjahre auferlegt (§§ 1571 ff.). Mit dem französischen Grundsatze: „La recherche de la paternité est interdite" ist also gebrochen worden. Es hat dies von den verschiedensten Seiten den lebhaftesten Beifall gefunden; die Kritik findet sogar den Entwurf zu nachsichtig gegen die Erzeuger der ausser der Ehe geborenen Geschöpfe [1]), gegen welche sie die bittersten Tadelworte richtet. Insbesondere hielten mehrere Stimmen es für eine übergrosse Milde, dass demjenigen, der die Möglichkeit der Vaterschaft mit anderen theilt, die „exceptio plurium concumbentium" gewährt wird. Dass diese von einem Kritiker als „Einrede der Untreue" bezeichnet wird, beweist, wie sehr er die einem solchen Einwande regelmässig zu Grunde liegende Sachlage mit übergrossem Zartgefühle auffasst. Der Entwurf hat hier offenbar einer Schwäche des oft mit Unrecht sogenannten stärkeren Geschlechts eine gewisse Nachsicht entgegengebracht (§ 1572 Abs. 1), welche sich, wenn auch vielleicht nicht rechtfertigen, so doch jedenfalls begreifen lässt.

Die Erhebung unehelicher Kinder zur Ehelichkeit (Legitimation) soll entweder durch nachfolgende Ehe erfolgen kön-

---

[1]) Vgl. namentlich Fuld, Archiv f. civ. Praxis, Bd. 75, S. 68 ff. Monger, a. a. O., S. 60 ff. Linckelmann, in den Gutachten aus dem Anwaltstande, S. 446 ff.

nen (§§ 1579 ff.) oder durch Ehelichkeitserklärung (§ 1583). Es ist dies die alte „legitimatio per rescriptum principis" im Gnadenwege, deren nähere Vorbedingungen den Landesgesetzen innerhalb gewisser reichsrechtlicher Schranken zur Reglung überlassen sind. Durch den Familienzuwachs, der in dieser Form ohne seine Mutter in des Vaters Haus eintritt, sollen die Verwandten und die Ehefrau des Vaters nicht berührt werden (§ 1596).

Die Annahme an Kindesstatt (§§ 1601 ff.) ist gegenüber dem römischen Rechte vereinfacht. Die Kindesannahme eines Abkömmlings wird von den sonstigen Adoptionsfällen nicht unterschieden, was sich schon durch ihre Seltenheit vollkommen rechtfertigt. Im Allgemeinen ist aber dieser Vertrag immerhin wirkungsvoller, als nach Justinian's Vorschrift die adoptio minus plena war; er soll im Grossen und Ganzem den Angenommenen die Stellung eines ehelichen Kindes gewähren (§ 1601). An Vorschriften, die gegen unziemliche oder nachtheilige Adoptionen schützen sollen, fehlt es nicht (§§ 1602 ff.). Die bei der Annahme bereits lebenden Abkömmlinge des Wahlkindes brauchen nicht, wenn sie nicht wollen, ihrem Vater mit in die neue Familie zu folgen, und auch die Verwandten des Wahlvaters werden von solchem Familienzuwachse, der nicht durch die Bande des Bluts an sie gefesselt ist, nicht berührt (§ 1620).

Auf dem Gebiete des Vormundschaftsrechtes [1]) hatten die Verfasser des Entwurfs eine leichte Arbeit. Hier lag ein fertiges Werk aus neuerer Zeit vor, die preussische Vormundschaftsordnung vom 5ten Juli 1875, welches mit den strengen Vorschriften des Polizeistaates gebrochen und den neuesten Verhältnissen Rechnung zu tragen versucht hatte. Trotz manchen Anfeindungen, welche dieses Gesetz erfuhren und manchen Uebelständen, welche es mit sich gebracht hat, ist es ihm schliesslich doch gelungen, in dem Gesammtge-

---

[1]) Vgl. hierzu Brettner, in Kohler's *Archiv f. bürg. R.*, Bd. 2, S. 197 ff. und Feyerabend, im *Archiv f. civ. Praxis*, Bd. 76, S. 89 ff.

biete des preussischen Königreiches feste Wurzeln zu fassen. Hierdurch rechtfertigte sich seine durchgreifende Benützung in dem Entwurfe. Das Vorbild ist im Grossen und Ganzen beibehalten und im Wesentlichen nur in soweit umgestaltet, als es den übrigen Theilen des Entwurfes angepasst werden musste. Auch ist die Zügelung des Vormunds durch das Gericht, welche gegenüber dem älteren preussischen Rechte in der genannten Vormundschaftsordnung sehr gelockert worden war, nunmehr wieder etwas straffer geworden. Namentlich sind hinsichtlich der Aufbewahrung von Werthpapieren, der Lieblingsform moderner Kapitalsanlage, besonders sorgfältige Vorsichtsmassregeln getroffen (§§ 1670, 1671). Auch die Zahl der Geschäfte, bei deren Abschluss der Vormund an die Genehmigung des Gegenvormunds oder des Vormundschaftsgerichts gebunden ist, ist erheblich vermehrt (§§ 1669, 1674); endlich ist die letztwillige Befreiung des Vormundes von den gewöhnlichen Verwaltungsschranken nur in geringerem Umfange zugelassen (§§ 1690—1695, 1733, 1745).

Die scharfe Unterscheidung zwischen tutor und curator, wie sie die Quellen des römischen Rechts kennen, findet sich im Entwurfe nicht mehr vor. Schon im preussischen Landrechte deckte sich die Unterscheidung des Vormundes vom Curator nicht mit der genannten Redeweise der Quellen. Der römische tutor ist grundsätzlich „Befehlsherr", Träger einer Erziehungsgewalt, der curator lediglich fürsorglicher „Vermögensverwalter", mehr Freund, als Herr. In überaus feinsinniger Weise haben die Römer die Altersstufe, welche von der Pflicht zum Gehorsam befreit, niedriger angesetzt, als diejenige, auf welcher eine durchgereifte Willenskraft fremde Fürsorge entbehrlich macht. Dies hat sich bei uns geändert. Seitdem einmal nach dem Gebote der Reichspolizeiordnungen der Vormund bis zur Volljährigkeit beibehalten werden musste, also auch für eine Zeit, in der er mehr zum Rathen, als zum Befehlen sich berufen fühlen mochte, verwischte sich die römische Unterscheidung des Vormunds von den Beschützern des Verschwenders und des Wahnsinnigen, denen gegenüber von einer Erziehungsgewalt niemals die Rede sein konnte. Um so mehr aber machte sich das Bedürfniss geltend, die Fälle, in welchen ein Beschützer die umfassende Verwaltung aller Geschäfte eines Schützlings führt, von den Besorgungen einzelner Angelegenheiten und eines bestimmten Kreises von Geschäften zu unterscheiden.

Jene Träger einer umfassenderen Vollmacht nennt das Preussische Landrecht und ebenso der Entwurf „Vormünder", die mit dem minderen Geschäftskreise Betrauten [1] heissen nunmehr, wie in der Vormundschaftsordnung, Pfleger (im Preussischen Landrecht hiessen sie Curatoren [2]).

Die Fälle einer möglichen Pflegschaft sind in der preussischen Vormundschafts-Ordnung nach einer generalis clausula geregelt, jetzt durch eingehendere Einzelbestimmungen (§§ 1738 ff.). Hierbei ist auch der curator absentis als „Abwesenheitspfleger" erwähnt (§ 1740) [3].

Bei den Berufungsgründen zur Vormundschaft sind die Spuren der römischen Rechtsgeschichte möglichst verwischt worden. In Rom wuchs die Tutel aus einem Familienzusammenhalt heraus, der dem alten Geschlechterstaat entsprach. Mehr und mehr trat das Interesse des Staates an den besondern Familienbedürfnissen zurück und demnach das Schutzbedürfniss des Mündels in den Vordergrund. Im neueren Recht beherrscht dasselbe diesen Rechtszweig ganz [4]. Das zeigt sich schon in der tutela testamentaria. Nicht mehr die väterliche Gewalt, welche die Macht der Familie absolutistisch vertritt, befähigt zur Ernennung von Vormündern, sondern die elterliche Liebe, welche zu der dem Kinde segens-

---

[1] Theils für einzelne Geschäfte, theils für alle Klassen kommen Pfleger vor, ausnahmsweise für alle Vermögensangelegenheiten (§ 1739), niemals für andere Geschäfte.

[2] Allgem. Landrecht, Theil II, Tit. 18, Abschn. 9.

[3] Im preussischen Recht war er Vormund, nicht Pfleger (*Motive*, Bd. 4, S. 1011).

[4] David, in den *Gutachten des Anwaltstandes*, S. 76, redet von einer Verstaatlichung der Vormundschaft.

reichsten Wahl befähigt. Schon im römischen Recht erlangt der Vater des emancipierten Kindes und die Mutter eine von obrigkeitlicher Nachprüfung abhängige Vormundsernennungsbefugniss. Jetzt darf jeder Vater in erster Linie und die Mutter in zweiter die Vormundsberufung anordnen (§ 1635). Die alte „tutela legitima" war schon dadurch sehr abgeschwächt worden, dass ihr in Deutschland eine obrigkeitliche Bestätigung folgen musste, was auch im Entwurfe angeordnet ist[1]; jetzt ist sie so gut wie gänzlich beseitigt. Der Satz: „Ubi emolumentum hereditatis, ibi onus tutelae" hat für uns keine rechte Geltung mehr. Er verblasste mit dem Schwinden der staatlichen Fürsorge dafür, dass das Mündelgut der Familie erhalten bleibt. Nur Grossvater und Grossmutter werden hinter den von den Aeltern Ernannten zur Vormundschaft berufen (§ 1635). Der erbgierige Verwandte eignet sich überdies zuweilen zum Beschützer des Hilflosen nicht besser, als der Bock zum Gärtner.

Wohl finden wir auch im Entwurfe neben dem schon erwähnten Rechte der Grosseltern eine gesetzliche Vormundschaft bei volljährigen Schützlingen; diese ist jedoch etwas anderes, als die römische tutela legitima. Man sieht das schon darin, dass sie der testamentarischen vorgeht (§ 1729, letzter Abschnitt), nicht nachfolgt, und auf einen ganz geringen Umfang beschränkt ist, sie betrifft nur Vater, Mutter und Grosseltern (§§ 1729, 1733). Warum das älteste römische Recht eine Bevormundung Volljähriger durch den Vater oder die Mutter nicht vorsah, ist klar, da es die Emancipationen ursprünglich nicht kannte (also auch kein Bevormundungsbedürfniss bei Lebzeiten des Vaters), und da die Frau erst auf höherer Culturstufe zur Vorkämpferin fremder Angelegenheiten mächtig genug erschien. Dass jetzt, nachdem das Ende der väterlichen Gewalt sehr häufig geworden ist, der

---

[1] Die *Motive* (Bd. 4, S. 1010) nennen dies „Bestellungsprincip". Eine vereinzelte Ausnahme soll die den Landesrechten überlassene Vormundschaft der Leiter von Verpflegungsanstalten bilden. Art. 79 des Einführungsgesetzes.

frühere Gewalthaber in erster Linie dazu befähigt erscheint, das gewaltfreie Kind, falls es durch Wahnsinn oder aus ähnlichen Gründen einer Bevormundung bedürftig wird, zu beschützen und demnach die zu frühe verlorene Gewalt in der neuen Form der Vormundschaft wieder aufzunehmen, ergiebt sich aus seiner früheren Erziehungsthätigkeit nicht minder, als durch die Nähe seiner Blutsverwandtschaft und hat auch in den Befugnissen des parens manumissor ein Vorbild.

Die Unfähigkeits- und Ablehnungsgründe des Entwurfes (§§ 1640 ff.) sind in ähnlicher Weise gestaltet, wie im gemeinen Recht, und haben die Ueberreste römischer Nationaleigenthümlichkeiten völlig abgestreift.

Das Vormundschaftsgericht soll sich unter Umständen aus Verwandten eines Unmündigen zu einem Familienrath ergänzen (§§ 1712 ff.), in dem der Richter den Vorsitz zu führen hat (§ 1714) [1]). Auch ohnedies können Familienmitglieder bei Führung der Obervormundschaft zu Rathe gezogen werden (§ 1678) und auch den Gemeinden ist ein gewisser Antheil gesichert (§ 1725, Einführungsgesetz Art. 80).

Auf dem Erbrechtsgebiete hat der Entwurf die berechtigte Erwartung einer Vereinfachung des gemeinen Rechtes in hohem Maasse erfüllt. Die erbrechtliche Reichhaltigkeit des corpus juris civilis steht in einem schroffen Missverhältnisse zu der geringen Zahl erbrechtlicher Gedanken, welche die Anschauungen unseres Volkes beherrschen. Es erklärt sich dies daraus, dass gerade auf diesem Gebiete solche rechtsgeschichtliche Spuren vergangener Zeiten Justinian's Rechtsbuch aufgedrückt sind, denen die Naturrechtsschule eine instinktive Abneigung entgegenbrachte, während die geschichtliche

---

[1]) Dieser Familienrath ist von der gleichnamigen Einrichtung des französischen Rechtes verschieden. Die letztere ist im Entwurfe beseitigt und zwar unter Zustimmung aus der Praxis (vgl. David, in den *Gutachten aus dem Anwaltstande*, S. 79).

nachweist, dass sie einst eine Wohlthat waren und eben darum für veränderte Verhältnisse eine Plage werden mussten Wenn irgend wo, so musste man hier nach Jhering's bekanntem Worte durch das römische Recht hindurch über das römische Recht hinauskommen. War dies ja schon im preussischen Landrechte in weitem Umfange geschehen. Trotzdem ist dieser verwickelte Rechtszweig so reich an Vorschriften, dass auch hier nur die allerwichtigsten zur Besprechung herausgegriffen werden können [1]).

Allerdings lässt die Anordnung des Erbrechts manches zu wünschen übrig. Es ergiebt sich dies aus den Überschriften der sechs Abschnitte des fünften Buches (Erbrecht: 1. Allgemeine Vorschriften; 2. Letztwillige Verfügungen; 3. Vertrag (Erbvertrag); 4. gesetzliche Erbfolge; 5. Erbverzicht; 6. Rechtsstellung des Erben), und mehr noch zeigt es sich in den Unterabtheilungen.

Den Systematiker befremdet zunächst hier, wie sonst, die Ungleichartigkeit der Dinge, die als gleichwerthige Grössen nebeneinander gestellt sind. Neben drei Berufsgründen steht der Erbverzicht, ein Grund des ausnahmsweisen Fortfalls der gesetzlichen Berufung, welcher daher als Unterabtheilung in die Vorschriften über gesetzliche Berufung hätte eingereiht werden können. Ueberhaupt liessen sich die letztwilligen Verfügungen und Erbverträge als zwei Unterarten einer einzigen Hauptgruppe (der Anordnungen für den Todesfall) fassen und als eines von zwei Gliedern des Rechtes der Berufungsgründe neben die gesetzliche Erbfolge stellen.

Diese Berufungsgründe könnten als thatsächliche Vorbedingungen des Erwerbes von Todeswegen die erste Hälfte der besonderen Erbrechtsvorschriften bilden, während die

---

[1]) Näheres vergl. bei Gierke, *der Entwurf*, S. 505 ff. Menger, a. a. O., S. 139 ff., besonders S. 145 ff., wo selbst auch den neueren Reformplänen auf dem Erbrechtsgebiete Beachtung geschenkt ist. Baron, im *Archiv für civilistische Praxis*, Bd. 75, S. 177. Eck, *die Stellung des Erben, dessen Rechte und Verpflichtungen in dem Entwurfe u. s. w.*, Berlin 1890.

zweite die „Folgen des Erwerbes von Todeswegen" umfassen könnte. Diese zweite Hälfte müsste dann Titel 6: „Rechtsstellung des Erben" in sich aufnehmen. Dann hätten wir zwei Haupttheile des Erbrechts: 1. Vorbedingungen; 2. Folgen des Erwerbs von Todeswegen.

Im Uebrigen war es ein glücklicher Gedanke, dass die in den Lehrbüchern übliche Trennung der Vermächtnisse von den Erbschaften aufgegeben ist. Die Vermächtnisslehre ist von der Testamentslehre untrennbar und wird auch bei den Vorschriften über Erwerb der Erbschaft oftmals als bekannt vorausgesetzt. Ein weiterer Vorzug der Anordnung des Entwurfes liegt darin, dass in Abschnitt 4 die Pflichttheilserbschaft als Unterart der gesetzlichen Erbschaft erscheint. Die durch Gesetz berufenen Gesammtnachfolger, die nicht blos in Ermanglung eines Testaments, sondern auch wider ein solches eintreten, hören dadurch nicht auf, gesetzliche Erben zu sein [1]).

Dass die letztwilligen Verfügungen (Testamente) vor dem gesetzlichen Erbrechte geregelt worden sind, hat Beschwerden hervorgerufen [2]), welche in dieser Anordnung wohl mehr sehen, als zu finden war [3]). Jeder Nachlassgläubiger oder Nachlassrichter, welchem es obliegt, festzustellen, wer der Erbe eines bestimmten Verstorbenen ist, wirft sich hinter einander die beiden Fragen auf: 1. Liegt ein Testament vor? 2. Sind gesetzliche Erben da? Da nun ein gutes Gesetzbuch die Antworten auf die Fragen des Lebens bietet, so darf es sich auch in der Reihenfolge dieser Antworten derjenigen der Fragen anpassen. Dass jedoch durch die Voranstellung des Testaments der Einfluss, den das Familienleben auch auf

---

[1]) Vgl. *Motive*, Bd. 5, S. 353.
[2]) Vgl. z. B. Peterson, *die Berufung zur Erbschaft und die letztwilligen Verfügungen überhaupt nach dem Entwurfe*, Berlin, Guttentag, 1889, S. 32.
[3]) Ein Beschluss des preussischen Landes-Oekonomie-Collegiums (v. Kirchenheim's *Centralblatt*, Bd. 9, S. 134) hält es für nöthig, eine Umstellung dieser beiden Gesetzbuchstheile zu beantragen.

den Inhalt der letztwilligen Verfügungen ausübt, missachtet oder beeinträchtigt worden ist oder werden kann, ist eine unhaltbare Behauptung.

Auffallend ist die gänzliche Beseitigung der „codicilli" (§§ 1753, 1756). Diese Testamente zweiten Ranges begannen bekanntlich ihr Dasein in höchster Freiheit der Form und des Inhalts; später wurden sie mehr und mehr unter die Testamentsgrundsätze gezwängt und nun endlich sind sie ganz vom Testament verschlungen worden. Für kleinere Vermächtnisse wird ihre Wiederbelebung empfohlen [1]), jedenfalls liegt in der Ausdehnung der Testamentserfordernisse auf blosse Vermächtnisse der richtige Gedanke, dass Anordnungen, deren Urheber nicht mehr über die Echtheit der hinterlassenen Verfügungen gehört werden können, und bei deren Herstellung der Geisteszustand ihres Errichters nicht geprüft worden ist, so wenig, wie möglich, ein Anrecht auf Gültigkeit erhalten sollten.

Die Definition der Vermächtnisse als der letztwilligen Zuwendungen, die nicht Erbeseinsetzungen sind (§ 1756), ist durch ihre verneinende Fassung, von deren Nothwendigkeit man sich nicht leicht überzeugen wird, mit Recht aufgefallen.

Die Regelung der Vorschriften über den Testamentsinhalt ist fast durchweg ansprechend. Der „mortis tempore nondum conceptus" soll nur als zweiter Erbe hinter einem anderen (als sogen. Nacherbe) bedacht werden können, sodass die Erbschaft nicht verwaist bleibt, während die Möglichkeit seines Werdens in der Luft schwebt (§ 1757).

Dass den juristischen Personen volle Erbeinsetzungsfähigkeit gewährt wird, beseitigt eine alte Streitfrage (§ 1758). Der Satz: „Nemo pro parte testatus, pro parte intestatus decedere potest" ist fortgefallen (§ 1788). Wenn seine Geltung wirklich, wie vielfach behauptet worden ist, eine logische Nothwendigkeit wäre, so würde er sich nicht schon längst haben durch das preussische Recht beseitigen lassen. Seitdem

---
[1]) Baron, a. a. O., S. 245.

überdies Justinian's Gunst für fromme und milde Stiftungen die noch unbestimmten Personen (personae incertae) einsetzungsfähig gemacht hat, ist es folgerichtig, auch die zur Zeit der Testamentserrichtung ungewissen gesetzlichen Erben neben den ausdrücklich genannten Nachfolgern als stillschweigend eingesetzte Miterben zum Nachlasse zuzulassen. Bei unsern vortrefflichen Standesregistern wird dies ohnehin nur selten zu störender Rechtsungewissheit führen.

Unzulänglich ist das über den „heres ex re certa" Gesagte. Er soll im Zweifel im Sinne des Erblassers nur als Vermächtnisnehmer gelten. Damit ist jedoch nicht der andere, nicht seltene Fall geordnet, in dem der Erblasser einem Erben lediglich eine bestimmte Sache (z. B. ein Landgut) und doch die vollen Rechtsbefugnisse des Erben zuwenden will [1]).

Der Substitut hat ein deutsches Sprachgewand angezogen und heisst „Ersatzerbe" (§§ 1800 ff.). Der Name passt allerdings nicht auf den Pupillarsubstituten; dieser hat jedoch keine Gnade vor den Augen des Gesetzgebers gefunden. In einer Rechtsordnung, welche Nacherben (ex die) kennt, bedarf es freilich einer solchen Einrichtung nicht mehr [2]). Ihr Zweck ist trotz der Schwierigkeit der ihr gewidmeten Texte doch ein einfacher, der Schutz unmündiger reicher Erben vor dem „periculum insidiarum" seitens seiner gesetzlichen Nachfolger. Wenn die Motive hierzu bemerken, dass der Schutz des Lebens und der Gesundheit nicht Aufgabe des Gesetzgebers sein soll [3]), so halten sie sich jedenfalls in diesem Punkte von dem ihnen vorgeworfenen Individualismus weit entfernt.

Der Entwurf kennt, wie soeben schon erwähnt wurde, „Vorerben" und „Nacherben" (§ 1804). Der Satz: „semel heres semper heres" ist also fallen gelassen. Im Grunde genommen galt er in seinem praktischen Haupterfolge bereits

---
[1]) Vgl. Baron, a. a. O., S. 225 ff.
[2]) Vgl. Klöppel, *Gutachten aus dem Anwaltstande*, S. 1490.
[3]) *Motive*, Bd. 5, S. 133.

nicht mehr, seitdem der Universalfideicommissar „heredis loco" war. Das Universalfideicommiss ist freilich weggefallen; aber die rechtlichen Vortheile, welche es gewährte, sind als „Nacherbfolge" erhalten. Hier folgt der Entwurf ganz dem Vorbilde des Preussischen Landrechts [1]), auch insofern, als er dem Vorerben grundsätzlich die Befugnisse eines Niessbrauchers giebt. Der lebhafte Widerspruch, welcher gegen diese letztere Vorschrift erhoben ist [2]), muss daher durch den Gedanken daran abgeschwächt werden, dass hier ein praktisch bewährtes Vorbild nachgeahmt worden ist.

In dem Satze „semel heres semper heres" lag zweifellos auch der Gedanke, dass Niemand allzuweit über seine Lebensgrenze hinaus in fremde Schicksale und unbekannte Verhältnisse eingreifen soll. Wo jener Satz wegfällt, da muss sich derselbe Gedanke, wenigstens in anderer, abgeschwächter Form, geltend machen, nämlich in der Beschränkung der Nacherbfolge [3]). Nur einmal, nicht öfter, darf hinter den Erben ein Nacherbe geschoben werden, der ihn ablösen soll (§ 1812: „Die Nacherbfolge kann nur einmal eintreten").

Wider Umgehung des Verbots einer letztwilligen Vergabung des eigenen Vermögens für eine allzu weite Zukunft schützte auch der Satz: „a legatario legari non potest", der schon bei dem laxeren Fideicommissrechte nicht galt. An dieses lehnte sich bekanntlich in Deutschland eine eigenartige Schöpfung an, das Familienfideicommiss. Dieses hat der Entwurf den Landesrechten überlassen [4]); es ist zweifellos eine künstliche Nachahmung der alten Stammgüter und bezweckt, be-

---

[1]) Th. I, Tit. 12, § 466.
[2]) Baron, im *Archiv f. civ. Praxis*, Bd. 75, S. 236.
[3]) Das preuss. allg. Landrecht, I, Tit. 12, § 55 lässt nur 2 Substitutionen zu.
[4]) In dieser Hinsicht ist freilich eine reformirende Ergänzung des Entwurfs begehrt worden in der Schrift des Grafen H. von Bothmer: *Die Reform des adeligen Erbrechts*, Dresden 1888. Sie tritt namentlich für eine Verbesserung der Lage der jüngeren Geschwister von Majoratsbesitzern ein.

vorzugte Familien durch ihren ständigen Grundbesitz aus der Masse herauszuheben. Die Errichtung von Familienfideicommissen ist überall an besondere Schranken gebunden, und es bedarf eines gesetzlichen Gegendruckes wider die Lust, solche Schranken zu überspringen. Es könnte sonst jemand ein Gut als Vermächtniss an eine Familie binden, indem er gewisse Familienglieder hinter einander in alle Zukunft hinein zu ihm beruft. Dies würde darum möglich sein, weil der Entwurf Nachvermächtnisse zulässt (§ 1884) und auch, die bei dem Tode des Erblassers noch nicht im Mutterleibe befindlichen Kinder Vermächtnissnehmer sein können. In dieser Richtung ist die mit grosser Schwerfälligkeit stilisierte Vorschrift zu deuten (§ 1869)[1]), dass ein Nachvermächtnissnehmer das Zugewandte nicht erhalten darf, wenn dreissig Jahre seit dem Erbfalle verstrichen, der erste mehrerer hinter einander beschwerter Vermächtnissnehmer bereits gestorben und der jetzt Berufene noch nicht empfangen ist. Einfacher und näher liegender wäre es gewesen, für Vermächtnisse schlechtweg blos zwei Berufungen hinter einander zuzulassen und zwar nur an Personen, die beim Vermächtnissanfalle schon empfangen sein müssen.

Eine bedeutsame Aenderung uralten Rechtes (§§ 1842 ff.), die mit gutem Grunde angefochten worden ist [2]), ist die Ausmerzung der letzten Spuren des Vindicationslegats. Der Vermächtnissnehmer soll niemals mehr ein dingliches Recht an dem Gegenstande der Zuwendung erhalten, immer nur eine Forderung. Dass diese Gestaltung der Dinge neben Nachtheilen auch praktische Vorzüge vor der bisherigen hat, ist zweifellos [3]). Niemals kann aber zugegeben werden, dass die blosse Möglichkeit, auf irgend einem Gebiete einen voraus-

---

[1]) Diese spricht zuerst von den „Beschwerten" und sagt dann hinterher, dass mit diesem Worte unter Umständen nicht er selbst, sondern einer seiner Vorgänger gemeint sein soll.
[2]) Dagegen ein Beschluss des 19ten Deutschen Juristentags (*Verhandlungen*, Bd. 3, S. 105), der auf Antrag Dernburg's gefasst worden ist.
[3]) Vgl. *Motive*, Bd. 5, S. 134.

sichtlichen Nutzen zu erreichen, dazu genügen darf, altehrwürdige Einrichtungen, welche durch Jahrhunderte sich als vortheilhaft erwiesen und zu ernstlichen Beschwerden keinen Anlass gegeben haben, einfach wegzustreichen. Dieser Gedanke scheint deshalb um so richtiger, weil da, wo unsern deutschen Rechtsinstituten eine feste geschichtliche Grundlage fehlt, dieser Mangel sich in der Arbeit des Gesetzbuchs unwillkürlich abspiegelt. Dies zeigt sich namentlich in der mühevollen Aufgabe, welche die Lehre von der Testamentsvollstreckung der Gesetzgebungscommission gestellt hat (§§ 1889—1910) [1]).

Erst hinter dem Testamentsinhalte (§§ 1911 ff.) ist die Errichtungsform erörtert. Der Grundsatz der Publicität ist, wie im preussischen Rechte, als Regel durchgeführt; nur ist dem gerichtlichen Testamente das notarielle gleichgestellt (§ 1914), worin wohl ein Einfluss französischer Anschauungen über die Bedeutung des Notariats zu sehen ist [2]). Die Zeugen werden verschwinden und mit ihnen ein Anachronismus; denn in diesem Massenaufgebote von Menschen stecken die Nachfolger der 5 Mancipationszeugen, deren Menge nur in der Zeit allgemeiner Schreibensunkunde erklärlich war, des libripens und des familiae emptor, zwei Wesen von nahezu räthselhafter Alterthümlichkeit.

Dass die wechselseitigen Testamente beseitigt sind, hat mehrfache Missbilligung hervorgerufen [3]).

Die Verfügungen von Todeswegen durch Vertrag (Erb- und Vermächtnissvertrag) sind dem gemeinen Rechte entsprechend zugelassen (§§ 1940 ff.); doch hat ein beachtens-

---

[1]) Vgl. hierzu die Gutachten Hartmann's und von Cuny's in den *Verhandlungen des 21ten Deutschen Juristentags*, Bd. 1, S. 3 ff., S. 43 ff.

[2]) Vgl. hierzu Stein, in den *Gutachten aus dem Anwaltstande*, S. 470—486.

[3]) Vgl. hierzu in den *Verhandlungen des 20ten Deutschen Juristentags*: Lané (Bd. 1, S. 3 ff.), Wilke (Bd. 1, S. 13 ff.), Enneccerus (Bd. 4, S. 314 ff.) und Eck (Bd. 4, S. 328 ff.) Der Beschluss des Juristentages (Bd. 4, S. 337) richtet sich auf die Zulassung dieses Rechtsgeschäftes für Gatten und Verlobte.

werther Widerspruch gegen diese Einrichtung ¹) dargethan, dass trotz den Jahrhunderten, während deren sie gilt, das den Römern eigene Gefühl für die Gefahren, welche solche Geschäfte, ohne gerade unsittlich zu sein, der guten Sitte bringen, noch nicht ertödtet ist. Wer sich hinsichtlich seines Nachlasses vertragsmässig bindet, kommt immer mehr oder weniger in eine unwürdige Abhängigkeit von den undankbaren Empfängern seiner Wohltaten, welche auf dem Boden ihres Vertragsrechts seiner Ungnade trotzen können. Freilich wurzelt die Einrichtung der letztwilligen Verträge so fest in unserer Gewohnheit, dass auf ihre Streichung kaum zu rechnen sein wird.

Der vollständigste Bruch mit der römischen Rechtsanschauung ist auf dem Gebiete des gesetzlichen Erbrechts geschehen ²). Hier strebte man nach Einfachheit, Billigkeit, Versöhnung von Gegensätzen ³) und griff in Anlehnung an das österreichische Vorbild zu der Parentelordnung (Linealsystem), ohne zu verkennen, dass die angeblich deutschnationale Grundlage dieses Systems überaus zweifelhaft ist ⁴). Nach dieser Ordnung folgt der ersten Klasse der Abkömmlinge, deren bevorzugter Platz über allen Zweifel erhaben ist (§ 1965), die Gruppe der Eltern des Erblassers mit ihren Abkömmlingen (§ 1966). Als dritte treten die Grosseltern mit ihrer Descendenz auf und so fort (§§ 1968 ff.). Während die erste und die zweite Linie noch nach Stämmen erbt (§ 1967), tritt von der dritten Linie Gradualerbfolge in den Linien ein: d. h. der Nähere schliesst den Entfernteren

---

¹) Von Ubbelohde, *Archiv f. civ. Praxis*, Bd. 75, S. 54 ff.
²) Vgl. hierzu Wilke, in den *Gutachten aus dem Anwaltstande*, S. 975—1014, der den Entwurf billigt (abgesehen von der den natürlichen Kindern erzeugten Ungunst). Hier, wie vielfach sonst, deckt sich das Werk mit der hervorragenden Schrift Fr. Mommsen's: *Entwurf eines bürgerlichen Reichsgesetzes über das Erbrecht nebst Motiven*. Braunschweig, 1876 (vgl. hierzu *Motive*, Bd. 5, S. 337).
³) *Motive*, Bd. 5, S. 356, 357.
⁴) *Motive*, Bd. 5, S. 356.

aus, um die Masse nicht zu sehr zu zersplittern (§ 1968)¹). Dies System ist verständlich, einfach und feinsinnig. Nur eins fehlt ihm leider; man sieht nicht recht den vortheilhaften Einfluss auf das Wohl der Betheiligten, welche diese Ordnung vor anderen voraus hat. Ob sie sich in die breite Masse des Volks einleben wird, ist überdies nicht zweifellos, weil nur der geübte Jurist sich die Familie in der Stammbaumform veranschaulicht, aus der allein sich der Grundgedanke des Linealsystems empfiehlt. Ueberdies liegt in seiner Verbindung zwischen Blutsgemeinschaft und Erbrecht ein starkes Zurückstreben zur Empfindungsweise früherer Zeiten, welche gern Eigenschaften, die aus Erlebnissen und Erfahrungen hervorgehn, auf angeborene Eigenthümlichkeiten zurückführte und daher auch die durch Zusammenleben erzeugte Fähigkeit zur Uebernahme der wirthschaftlichen Stellung des vertrautesten Lebensgenossen in einen unmittelbaren Zusammenhang zur Blutmischung setzte. Auch das Gradualsystem erklärt sich weniger aus der Gleichheit des Bluts, welche allerdings mit der Verwandtschaftsnähe steigt, als aus der in demselben Grade wachsenden Innigkeit des Zusammenlebens. Nicht die Naturanlage, sondern die Lebensgeschichte sollte in erster Linie die Erbfolge bestimmen. Wer an der wirthschaftlichen Gedankenwelt des Erblassers als dessen Vertrauter bei Lebzeiten ein Mitempfinden und Mitwissen besessen hat, der ist in der Regel der geeignete Mann, die Pläne seines Freundes nach dessen Tode in richtiger Weise weiterzuspinnen. Dass in einem Geschlechterstaate, wie es das alte Rom war, der Agnat als Namensträger dem Erblasser, der selbst keinen höheren Stolz kannte, als der Träger seines Namens zu sein, am Nächsten stand, ist ebenso begreiflich, wie das Streben Justinian's, diese Denkart dadurch zu bekämpfen, dass er jedem, auch dem entferntesten Cognaten dieselben Rechte gab, wie dem gleich nahen Namensträger. In der That sind die erste und vierte

---
¹) *Motive*, Bd. 5. S. 364.

Klasse Justinian's nichts anderes, als die 12 Tafeln, aus dem agnatischen in's cognatische übersetzt. Dort der suus und hinter ihm der nächste Agnat, hier der unmittelbare Abkömmling und hinter ihm der nächste Cognat. Der Prätor, welcher bei dem 6ten und 7ten Cognaten seinen ordo unde cognati abschloss und dadurch die lachenden Erben vom Nachlasse fernhielt, findet bei den neueren Juristen mehr Beifall, als Justinian und der Entwurf, welche beide den Nachlass in die entferntesten Winkel des Stammbaums hinabgleiten lassen. Mit gutem Grunde ist von vielen Seiten her der Antrag gestellt, die allzu entfernten Verwandten vom Nachlasse auszuschliessen [1]).

Im Uebrigen war es jedenfalls von Justinian wohlgethan, dass er zwischen den nächsten Descendenten und den nächsten Cognaten noch gewisse nahe Verwandte einschob. Man könnte sie (mit einem allerdings nur ungefähr richtigen Ausdrucke) als das „Elternhaus" bezeichnen. Die Personen, in deren Nähe wir aufwachsen, sind allerdings in der Regel vor allen andern die Kenner und Vertrauten unserer Lebenspläne. Um die Novella 118 richtig zu würdigen, muss man bedenken, dass in späterer Zeit die sog. emancipatio Saxonica das byzantinische Haus in ein im Wesentlichen von ihm verschiedenes, deutsches Haus verwandelt hat. Der erwachsene Sohn hat bei uns in der Regel einen eigenen Haushalt, die Enkel werden bei uns fast immer in die Gewalt des Vaters und nicht des Grossvaters hineingeboren, und deshalb widerstrebt es uns, den nächsten Ascendenten den verstorbenen Eltern gleichzustellen. Das Haus unserer Grosseltern ist nicht mehr derselbe Sammelpunkt aller Abkömmlinge, der es in der Regel war, als die väterliche Gewalt erst mit dem Tode des Gewalthabers zu erlöschen pflegte. Unser Neffe wächst somit nicht mehr in der Regel mit uns im selben Hause auf, wie es in Byzanz der Fall

---

[1]) Vgl. z. B. Petersen, a. a. O., S. 83. Ubbelohde, a. a. O., S. 44 ff. Baron, a. a. O., S. 192. Eck, a. a. O., S. 92 und andere.

war, als erst der Tod des Grossvaters das Enkelkind von seinem gleichfalls gewaltunterworfenen Oheim zu trennen pflegte. Indem das preussische Landrecht und der Entwurf nicht blos Neffen, sondern auch unter Umständen Neffenkinder und Neffenenkel den Brüdern des Verstorbenen gleichstellen, dehnen sie einen byzantinischen Rechtssatz, der für unsere Verhältnisse ohnehin nicht mehr passt, aus, statt ihn zu beschränken. Nur Eltern und Geschwister verdienen noch Vorzugsrechte vor andern, und zwar unter ihnen jene vor diesen [1]). Sie sollten zwischen den Abkömmlingen und dem nächsten Verwandten stehen. Das Richtige wäre also für unsere Zeit folgende Reihenfolge:
1. Kinder; 2. Eltern; 3. Geschwister; 4. der nächste Blutsverwandte bis zum 4ten (oder 5ten) Grade; 5. Staats- (oder Gemeinde-)Kasse [2]).

Nach dieser Ordnung wird der vermuthliche nächste Freund des Verstorbenen berufen, wie er sich durchschnittlich nach Beobachtung der wirklichen Lebensverhältnisse ergiebt.

In der Ordnung des Pflichttheilsrechts ist zunächst die Zahl der Berechtigten beschränkt worden. Dass nur die Eltern, nicht entferntere Ascendenten, Pflichttheilserben sind, folgern die Motive nicht ohne Grund aus der vom Entwurfe gewählten Parentelenordnung [3]). Auch das gemeinrechtliche Pflichttheilsrecht der Geschwister gegenüber der persona turpis ist weggefallen (§ 1975). Die letztere mochte wohl in der Regel eine erbschleichende Person, z. B. eine Beischläferin, sein, welche die Familie des Erblassers aus dem Hause hinausdrängte. Aehnliche Zustände sind bei uns, namentlich in den besitzenden Klassen, selten, so dass wir nach der Regel „leges generaliter constituuntur" darüber hinwegsehn können [4]).

---

[1]) Zu ähnlichen Ergebnissen gelangt Baron, a. a. O., S. 134.
[2]) Die Bevorzugung der Gemeindekasse vor der Staatskasse befürwortet namentlich Ubbelohde im *Archiv f. civ. Praxis*, Bd. 75, S. 48.
[3]) So *Motive*, Bd. 5, S. 383.
[4]) Anders begründen die *Motive*, Bd. 5, S. 383, die Abweichung vom röm. Rechte.

Eine weitere Verbesserung ist die Rückkehr zur einheitlichen Berechnung des Pflichttheils und dessen Festsetzung auf die Hälfte des gesetzlichen Erbtheils (§ 1978). Die Verdopplung der alten quarta, die Justinian nur für kleinere Erbtheile ganz durchgeführt hat, ist somit jetzt völlig verwirklicht, eine halbe Massregel also zu einer ganzen geworden. Minder unbedenklich ist die Herabdrückung des Pflichttheilsrechts vom römischen Miterbrechte zum blossen persönlichen Anspruche (§ 1978), welche im Gebiete des Preussischen Landrechts Gegenstand einer Streitfrage war [1]). Man nimmt neuerdings an, dass Justinian in dem Rechte auf Erbeinsetzung, das die Novella 115 ihren Notherben gewährt, lediglich einem zwecklosen Formalismus gehuldigt hat [2]). Indessen es ist mehr als ein blosser Ehrenvorzug, dass ein Sohn dagegen geschützt wird, abgefunden mit einem persönlichen Anspruch von Haus und Hof des Vaters verjagt zu werden, ohne Antheil an den Nachlassstücken und an der Nachlassregelung und ohne Möglichkeit, bei der Veräusserung der hinterlassenen Sachen mitzureden und die Berechnung seines Pflichttheils gegenüber den Durchstechereien erbschleichender Geschwister zu beaufsichtigen. Auch die unbedingte Vererblichkeit des Pflichttheilsanspruchs [3]), die dem sog. Inofficiositätssystem zuwider ist, hat mancherlei gegen sich [4]). Es war nicht blos eine geschichtliche Zufälligkeit, dass die römischen Centumviru die querela inofficiosi als eine Beschuldigung des Wahnsinns, als eine racheschnaubende Klage behandelten. Es liegt vielmehr in jeder Pflichttheilsklage eine Art Todtengericht, eine Gehässigkeit gegen den Verstorbenen, dessen Andenken durch sie öffentlich herab-

---

[1]) Gegen sie erklärt sich auch Wilke (*Gutachten aus dem Anwaltstande*, S. 975—1014), der auch daselbst die Enterbungsgründe und die Enterbung in guter Absicht bespricht.
[2]) Vgl. Dernburg, *Pandekten*, Bd. 3, § 152, 2te Aufl. S. 305. Vgl. jedoch auch Kühnast, *das Erbrecht des Entwurfs* u. s. w., 1888, S. 20.
[3]) § 1992: „Der Pflichttheilsanspruch ist vererblich und übertragbar."
[4]) Gegen sie auch Baron, a. a. O., S. 208.

gesetzt wird. Wer sich zu ihr aus Achtung vor dem Entschlafenen nicht hat entschliessen können, der sollte, wenn er aus dem Leben scheidet, mit dem Sicherheitsgefühle sterben, dass fremde Nachfolger, welche für sein Empfinden kein rechtes Verständniss haben können, nicht die Befugniss erlangen werden, die von ihm versäumte Aufdeckung einer Schande seines Hauses aus Gewinnsucht nachzuholen.

Eigenthümlich ist auch, dass der Pflichttheil, welcher nicht wider die Erben, sondern gegen den Empfänger einer übermässigen Schenkung eingeklagt wird, den Namen des „ausserordentlichen Pflichttheils" tragen soll (§ 2010), weil er eine Erhöhung des Pflichttheilsbetrages bildet, der sich aus der beim Tode vorhandenen Masse ergiebt [1]).

Der letzte Abschnitt: „Rechtsstellung des Erben" enthält acht Titel, eine verbesserungsfähige Anordnung, die z. B. in Titel 4, 7 und 8 von Dingen redet, welche mit unter die Ueberschrift des 3ten Titels „Wirkungen des Erbschaftserwerbes" fallen, nämlich von der Fürsorge des Nachlassgerichtes, dem Inventarrechte und der Auseinandersetzung der Miterben.

Der wichtigste Punkt in diesem letzten Gesetzbuchsabschnitte hängt mit einer starken Bewegung zusammen, die, vom Preussischen Landrechte ausgehend, den Deutschen Juristentag für sich gewonnen [2]) und dem Gesetzgeber Beachtung abgenöthigt hat, nämlich dem Zurückstreben zu dem altdeutschen Satze: „Der Todte erbt den Lebendigen" [3]). Erbschaften sollen also durchweg ohne Antretungserklärung erworben werden. Da nun die Erbschaften mehr Schulden enthalten können, als Vermögenswerthe, also unter Umständen Danaergeschenke sind, so ist jener altdeutsche Grundsatz nur dann ohne grosse Schädigung Unschuldiger durchzuführen, wenn man auf die Interessen der Gläubiger für

---

[1]) Vgl. hierzu Wilke in den *Gutachten aus dem Anwaltstande*, S. 1010—1014.
[2]) *Verhandlungen des 13ten Juristentags*, Bd. 2, S. 138—171, 415—421.
[3]) Vgl. *Motive*, Bd. 5, S. 458 ff. Eck, a. a. O., S. 1 ff.

Handel und Credit so wenig Rücksicht zu nehmen geneigt ist, wie es in der altgermanischen Naturalwirthschaft möglich war. Für unsere neueren Verhältnisse, in denen die Erben für Schulden des Erblassers eintreten sollen, ist jene Einrichtung kaum noch berechtigt. Der Laie begreift nicht, dass ihm bei einem völlig werthlosen Nachlasse die Pflicht zu gerichtlichen Erklärungen oder Inventarisationen obliegen soll [1]). Trotz dem glaubte das lebhafte nationale Bewusstsein der neueren Zeit, hier Anlass zu einer erwünschten Abweichung von römischen Sätzen zu finden. Der Gesetzgeber befindet sich nun in der übeln Lage, einerseits die Erben, denen er die Erbschaft aufladet, ohne sie zu fragen, ob sie diese Last wünschen, schadlos zu stellen und andererseits eine Schädigung des Handels und Gewerbes zu vermeiden.

Der Versuch eines Ausweges aus dieser Calamität ist ein wahres Schmerzenskind des Entwurfs, das sog. *Inventarrecht*, das von der Kritik mit allseitigem Tadel überschüttet worden ist (§§ 2092—2150) [2]). Schon der Name hat Spott erregt. Das „Inventarrecht" kann nämlich ohne Inventar erworben werden [3]). Der Name stammt daher aus geschichtlichen Erinnerungen. Das Inventarrecht des Entwurfes ist dasjenige Recht des Erben, an welches der romanistisch gebildete Jurist denkt, wenn von dem „beneficium inventarii" die Rede ist. Es ist also, um deutsch zu reden, „der Schutz gegen die Gefahr des Erbschaftserwerbs" oder „das Recht gefahrlosen Erb-

---

[1]) In Berlin heirathete z. B. eine arme englische Sprachlehrerin einen Gatten, der bald darauf im Kriege fiel und kein Vermögen, wohl aber viele Schulden hinterliess. Des Rechts unkundig erachtete sie es nicht für nöthig, eine gerichtliche Erklärung abzugeben, obwohl sie allein als gesetzliche Erbin berufen war. Nach Ablauf der Ausschlagungs- und der Inventarisationsfrist, den die Gläubiger abwarteten, verfiel sie ihnen mit allem zukünftigen Arbeitserwerbe als Schuldnerin für den vollen Betrag der Erbschaftspassiva.

[2]) Vgl. hierzu Bähr, in der *Krit. Vierteljahrsschrift*, Bd. 30, N. F. Bd. 11, S. 561 ff. Gierke, *der Entwurf*, S. 557 ff. Eck, *die Stellung des Erben*, S. 7 ff.

[3]) „Es ist also eine Benennung nach Analogie von lucus a non lucendo". Bähr, a. a. O., S. 561.

schaftserwerbs". Justinian sagt von einem Inventarerben: „hereditatem sine periculo habeat" [1]). Leider ist die Gefahrlosigkeit dieses Erwerbs im Entwurfe eine einseitige. Der Erbe soll schlechtweg nur mit dem Nachlasse haften (§ 2092) und hat deshalb eine sog. Abzugseinrede, deren Durchführung mit sehr künstlichen Berechnungen verknüpft sein soll [2]). Die Gläubiger aber können ihn wegen versäumter Inventarerrichtung nur dann haftbar machen, wenn sie ihn auf Herstellung dieses Inventars besonders belangt haben (§§ 2095, 2096). Vorher ist er zu ihr nicht verpflichtet. Gerade dies hat lebhaften Widerspruch erfahren. Eine erhöhte Sicherung der Gläubiger wird begehrt. Zwar ist man darüber einig, dass in dieser Richtung des Guten zu viel geschehen kann und beispielsweise im österreichischen Rechte geschehn ist. Dagegen ist das württembergische Recht mit seiner Fürsorge für die Unversehrtheit des Nachlasses warm empfohlen worden [3]). Auch ist der Vorschlag gemacht worden, dem Erben eine gesetzliche Inventarpflicht ohne Gläubigerantrag aufzulegen, bei deren Nichterfüllung er zur Strafe für die volle Schuld haften soll, falls er nicht nachweist, wie viel im Nachlasse beim Erbfalle vorhanden war [4]). Vielleicht kann man auch so helfen, dass man die Frist zur Erfüllung der Inventarisationspflicht nicht eher laufen lässt, als bis der Erbe die Masse thatsächlich berührt hat. Erst von diesem Augenblicke an beginnt die Gefahr, dass seine Nachlässigkeit oder Bosheit den Erbschaftsbestand verdunkelt, eine Ge-

---

[1]) L. 22 § 4 Cod. de jure delib. (VI, 30).
[2]) Vgl. hierüber Dovo, a. a. O., S. 118 ff. Munk, S. 61 ff.
[3]) Von Probst, im *Archiv f. civ. Praxis*, Bd. 75, S. 1 ff. Auch Menger, a. a. O., S. 153, befürwortet eine Nachlassregulirung von Amtswegen.
[4]) So Baron, a. a. O., S. 274, und Eck, a. a. O., S. 25. — Der Verf. dieser Abhandlung stellte am 11 September 1891 in der ersten Abtheilung des 21ten Deutschen Juristentages in Cöln den Antrag, den Wunsch nach Vereinfachung des Inventarrechts und nach Erhöhung des Schutzes der Nachlassgläubiger auszusprechen. Dieser Antrag wurde einstimmig angenommen.

fahr, der die Errichtung eines Inventars zwar nicht unbedingt, aber doch bis zu einem gewissen Grade entgegenzutreten vermag.

Die Gemeinschaft der Erben ist nach römischem Vorbilde geregelt. Hier, wie überall, ist das Gemeinschaftsrecht des Entwurfes dessen germanistischen Gegnern in hohem Maasse zuwider; das Streben, den Gemeinschaftsgenossen ihre Antheile möglichst schnell und glatt zur Verfügung zu stellen, das namentlich dem Satze „nomina ipso jure divisa sunt" zu Grunde liegt, wird als eine romanistische, unsoziale Verirrung getadelt. Die sehr umständlichen Miterbrechtsverhältnisse des Preussischen Landrechts werden dagegen als deutschrechtliches Muster gerühmt. Diese Strömung ist so stark und wird von so vielen in der Praxis wohlbewährten Männern vertreten [1]), dass ihr gegenüber die einfachen römischen Rechtssätze wohl kaum werden errettet werden können. Nichtsdestoweniger möchte der Verfasser seiner Ueberzeugung dahin Ausdruck geben, dass ihm sowohl in gerichtlicher Thätigkeit als in der Ordnung privater Angelegenheiten das vielgerühmte preussische Recht, welches den Nachlass zunächst als ungetheilte Masse zusammenhält und für die wichtigsten Verwaltungsmassregeln unbedingte Einstimmigkeit der Erben erzwingt, immer sehr zeitraubend und umständlich vorgekommen ist, namentlich wenn ein Theil der Erben im Auslande wohnt oder gar vor vollendeter Erbtheilung verstirbt. Vom Standpunkte des Satzes „time is money" schien ihm immer das römische Streben nach schnellster Auflösung erbschaftlicher Gemeinschaften als das natürliche.

Auch die Feststellung der gesetzlichen Erbeseigenschaft durch Erbschein (§§ 2068 ff.) auf Grund öffentlicher Urkunden wird mancherlei Mühseligkeit für Erbschaftsregelungen gewähren.

---

[1]) Vgl. die *Verhandlungen des 20ten Deutschen Juristentags*, Bd. 4, S. 288 ff. und die Gutachten von Strätzki und Cosack, Bd. 1, S. 132 ff. und 199 ff.; Eck, *die Stellung des Erben*, S. 39 ff.

Die Collation ist als „Ausgleichung des Vorempfangenen" in angemessener Weise verdeutscht (§ 2157). In diesem stark vereinfachten Rechtszweige ist der gemeinrechtliche Unterschied zwischen der älteren und der neueren Collation begreiflicherweise völlig beseitigt worden; die Collation erscheint durchweg als Beitrag des den Abkömmlingen zum Gewinne einer selbstständigen Lebensstellung bezahlten Kapitals (nicht aber der blossen Erziehungsgelder, § 2159). Die Ausgleichung soll in der Form eines Geldbetrages geleistet werden (§ 2163). Uebrigens soll sie nur bei gesetzlicher Erbfolge eintreten (§ 2157). Bei testamentarischer bringt der Entwurf also der Einsicht des Erblassers die Erwartung entgegen, dass er den Vorausempfang bei seiner Anordnung mitberücksichtigen werde; während Justinian bekanntlich ihnen ein gleiches Vertrauen nicht gewährte.

Ehe wir von der vorstehenden Schilderung der Grundzüge des Entwurfs zu seiner Beurtheilung übergehen, erscheint es angemessen, dem Gesammtbilde der reichen, oben nur an einzelnen Stellen berührten Literatur, welche sich an ihn angeschlossen hat, einen Blick zuzuwenden [1]). Viel Gedankenreichthum und Gesetzgebungsweisheit ist aus den verborgenen Tiefen des deutschen Geisteslebens herausgetreten, als die öffentliche Aufforderung, das neue Werk durch freiwillige Beurtheilung zu fördern, ergangen war. Es wird

---

[1]) Unter den Beurtheilern des Werkes sind namentlich ausser den oben Genannten hervorzuheben: Ludwig Goldschmidt, *Kritische Erörterungen zum Entwurf* u. s. w., Heft 1, Leipzig 1889, ein Gegner des Werkes. Auch Dernburg tadelt es in der Vorrede zur zweiten Auflage seiner *Pandekten*. Vgl. ferner Zrodlowski, *Codificationsfragen und Kritik des Entwurfs* u. s. w., Prag, 1888. Ein anerkennendes Urtheil fällt Ryck, *Die Lehre von den Schuldverhältnissen nach gemeinem deutschen Rechte*, Berlin, 1889, in der Einleitung. Als Vertheidiger des Entwurfes ist namentlich Planck zu erwähnen, *Archiv f. civ. Praxis*, Bd. 75, S. 327 ff. Eine vollständige Uebersicht der auf den Entwurf bezüglichen Literatur wird zusammengestellt von Otto Mühlbrecht in Berlin (Verlagsbuchhandlung Puttkammer u. Mühlbrecht).

nicht allzu schwer werden, die Spreu vom Weizen zu sondern, und das Werk an zahllosen Stellen zu verbessern. Unmöglich dagegen würde es sein, allen geäusserten Wünschen gerecht zu werden, zumal sie zu einem sehr grossen Theile nicht berechtigt sind. Einer scharfen Gegenkritik wird es bedürfen, um die Kraft vieler grundloser Angriffe auszugleichen. Ein Theil der Gegner des Werkes hat sich freilich an mehr als einer Stelle Blössen gegeben. Manchem unerbittlichen Splitterrichter fehlt der Balken im eigenen Auge nicht; aus der Mücke eines untergeordneten Missgriffs ist oftmals ein Elephant gemacht; die politischen und geschichtlichen Schranken des Werkes sind vielfach übersehen worden; unter mehreren möglichen Lösungen einer Gesetzgebungsaufgabe wurde die eigene oft für die allein denkbare gehalten. Unglücksprophezeiungen über die voraussichtlichen Folgen der vorgeschlagenen Rechts-Umgestaltung sind ausgesprochen worden, welche weit über den Gesichtskreis hinausreichen, welcher selbst den erleuchteten Geistern von der Natur der Dinge gesteckt ist. Von allen derartigen grundlosen Beschwerden müssen wir vorweg absehn. Sodann müssen wir aber erwägen, welche Aufgaben einer Gesetzgebung überhaupt nach dem heutigen Stande der Wissenschaft gestellt sind [1]) und welche jetzt für Deutschland gelöst werden müssen.

Die erste Frage ist unter allen Umständen auf geschichtlichem Boden zu beantworten. Von einem „reinen Privatrecht", einem Seitenstücke der reinen Vernunft, hat nur eine vereinzelte Stimme gesprochen [2]) und die wachsende Einsicht in die zeitliche und räumliche Bedingtheit aller Geisteserzeugnisse wird schwerlich dahin führen, diese Eigenschaft gerade den Rechtssätzen abzusprechen. Die Maassstäbe für die Durchführbarkeit und Gemeinnützigkeit eines Gesetzbuchs

---

[1]) Diese Frage hat der Verfasser in seiner Schrift: *die Eideszuschiebung in Familienrechtsprocessen*, S. 1 ff., näher behandelt.
[2]) Krech, *Die Rechte an Grundstücken nach dem Entwurf* u. s. w. Berlin, 1889, S. 4.

können also nur der Geschichte des Volkes entnommen werden, dem es angepasst werden soll¹). Nicht also nach Nützlichkeitserwägungen, die auf alle möglichen Zeiten und Völker bemessen sind, sondern nach dem ganz besondern Entwicklungsgange Deutschlands ist dessen Recht abzuschätzen. In diesem aber musste an die Gegenwart angeknüpft werden, an das Zeitalter des Kaisers Wilhelm, nicht an die Zeit Barbarossa's oder Maximilian's. Die Gegenwart bestimmt die Durchführbarkeit und die Heilsamkeit des Gesetzeswerkes, die Vergangenheit giebt nur die Richtung an, in welcher die Aufgabe fortzuführen ist. Hierbei musste allerdings die Frage entschieden werden, ob die politische Erneuerung Deutschlands uns dahin treibt, die in unser Rechtsleben seit dem Mittelalter eingedrungenen Anschauungen der Antike wie einen kranken Stoff aus unserem Geistesleben herauszubringen, um ihm statt dessen die Gedanken einer entschwundenen deutschen Vergangenheit als frisches Blut einzuflössen, oder ob ein derartiges Unternehmen schädlich und sogar unmöglich sein würde. Solche Frage kann kein Rechtskenner anders beantworten, als aus dem Gesammteindrucke seines Wissens von den Rechtsquellen und den Lebensbedürfnissen; darum vertritt hier jeder seine Ueberzeugung, ohne auf eine Bekehrung des Gegners zu hoffen. Die Ansichten über den Werth des römischen Rechts gehen himmelweit auseinander; der Glaube, dass es eine „ratio scripta" ist, scheint neuerdings in das gerade Gegentheil umzuschlagen²). Der Verfasser kann sich in seinem Glauben

¹) Insoweit bedarf die geistvolle Bemerkung Bekker's (*System und Sprache*, S. 65), der Vierhaus (*Deutsches Wochenblatt*, 1890, S. 412) zustimmt, dass die Frage, ob unser Recht dem römischen gleicht, ebenso gleichgiltig ist, wie die Aehnlichkeit unseres Schwertes mit demjenigen der römischen Legionäre, einer gewissen Einschränkung. Das Volk zeigt in der Aufnahme von Privatrechtssätzen nicht dieselbe Subordination, wie das Heer bei der Annahme von Waffen.

²) Vgl. z. B. das mit grosser Anschaulichkeit geschriebene Buch von Wilmanns, *die Reception des römischen Rechtes und die sociale Frage der Gegenwart*, Berlin, 1890, ein getreues Abbild der um sich greifenden Abneigung gegen das römische Recht.

an den Geist hoher Milde und edler Menschlichkeit, welche den römischen Satzungen innewohnt, sowie an ihre untrennbare Verbindung mit den Wurzeln unserer nationalen Kraft nicht irre machen lassen und ist eher geneigt, der Meinung derer beizutreten, welche diesen Geist im Entwurfe an vielen Stellen zu ihrem Bedauern vermissen [1]). Jedenfalls ist der Glaube an die Brauchbarkeit der aus Rom übernommenen bewährten Sätze in der Mehrheit unseres Beamtenthums, das unter allen Umständen bei der neuen Reform mitreden muss, herrschende Meinung. Dieses Beamtenthum, dessen Einfluss sich auch in der weitgreifenden Rücksicht zeigt, welche der Entwurf auf die Beschlüsse des deutschen Juristentags genommen hat, muss die Verantwortung für die Rechtspflege tragen und kann daher keine widerspruchsvollen oder unzweckmässigen Sätze dulden, selbst dann nicht, wenn sie aus vaterländischen Rechtsquellen belegt werden [2]).

[1]) In dieser Hinsicht verdient ganz besondere Beachtung das von Hartmann im *Archiv f. civ. Praxis*, Bd. 73, S. 309 Ausgeführte, insbesondere über die ohne Grund den Pächtern geraubte remissio mercedis, § 358 ff. u. dergl. mehr. Nur für die in integrum restitutio (S. 351 ff.) und das §. C. Vellejanum (S. 369), welche beide dem Entwurfe fremd sind, kann sich der Verfasser nicht begeistern. Ersteres ist eine Folge der in Deutschland nicht üblichen magistratlichen Unumschränktheit, letzteres ein Sonderrecht für die vornehmeren Volksklassen. Ein offenkundiger Rückschritt des Entwurfs gegenüber dem römischen Rechte ist dagegen, dass er das Verbot chikanöser Rechtsausübung nicht kennt (vgl. Baron, in Conrad's *Jahrbüchern f. Nationalökonomie und Statistik*, N. F. Bd. 19, S. 234; vgl. auch Ladenburg, im *Archiv f. civ. Praxis*, Bd. 74, S. 445—461). Hiergegen richtet sich der in v. Kirchenheim's *Centralblatt*, Bd. 9, S. 129 mitgetheilte Beschluss des preussischen Landes-Oekonomie-Collegiums, nr. 5.

[2]) Vgl. auch v. Gneist, den ehrwürdigen Leiter des deutschen Juristentags, in den *Verhandl. des 20ten Deutschen Juristentags*, Bd. 4, S. 7 ff. Der Verf. möchte, um nicht missverstanden zu werden, versichern, dass er den Werth der germanistischen Rechtswissenschaft in vollem Maasse zu würdigen glaubt, insoweit sie sich nicht zu einer ungerechten Unterschätzung der antiken Beimischung in unserm heutigen Geistesleben hinreissen lässt. Sie hat vor allen das Mährchen der Möglichkeit einer ewigen „ratio scripta" widerlegt, von den deutschen Anschauungen, namentlich auf öffentlichrechtlichem Gebiete, unannehmbare Eigenthümlichkeiten des spät-

Aber nicht blos in diesem Punkte musste die Commission mit fremden Meinungen rechnen. In der Zeit des Absolutismus war es leicht, auf die Durchführung eines Gesetzgebungswerkes zu hoffen. Jetzt, da die Mehrheiten eines Bundesraths und eines Reichstags für dasselbe gewonnen werden müssen, ist für kühne Neuerungspläne von vorn herein kein Raum; eine möglichste Anpassung an die vorhandenen Verhältnisse und Anschauungen ist unter solchen Umständen nicht blos erlaubt und nicht blos heilsam, sondern geradezu unvermeidlich. Darum konnte der Entwurf nicht eigentlich schöpferisch sein; denn er sollte es nicht sein.

Gesetzgebungsaufgaben sind überhaupt unter verschiedenen Zeitumständen ganz verschiedenartige Dinge. Etwas anderes ist die staatliche Neubegründung eines in Entstehung begriffenen Gemeinwesens, etwas anders die Codification ungeschriebenen Rechtes und noch wieder etwas anders eine innere Einung verschiedener Codificationen. Die letztere Aufgabe allein war diejenige der Commission; die Codificationsfrage ist längst gelöst; denn auch das gemeine Recht hat nicht blos da, wo es durch Landesrechte verdrängt ist, sondern auch durch die Abfassung der in der Praxis vorwiegend geltenden Lehrbücher bereits eine Codification hinter sich. Aus verschiedenen Gesetzbüchern ein einziges herzustellen, welches mehr ist, als die blosse Wiederholung der Vorschriften eines der zu vereinigenden Gebiete, dies war die eigentliche Hauptaufgabe der Commission. Eine andere durfte sie sich nicht stellen, wenn sie hoffen wollte, ihre Arbeit zur Gesetzeskraft durchdringen zu sehen. Da das Gesetzbuch den einzelnen Staaten Deutschlands nicht wider ihren Willen aufgezwungen, sondern ihren Bedürfnissen angepasst werden soll, so durften diese verlangen und erwarten, von dem ge-

---

römischen Kaiserstaates abgewehrt, die nachrömische Rechtsentwicklung gepflogt, die Lücken des nur theilweise bei uns brauchbaren römischen Rechts ausgestopft und den Romanisten durch die Verbindung des Rechts mit den übrigen Culturzweigen ein noch nicht voll erreichtes Vorbild culturgeschichtlicher Rechtsdarstellung gegeben.

wohnten und bewährten Rechtsschutze keine empfindlichen Verluste bei der geplanten Neuerung zu erleiden. Die Erreichung eines solchen Ziels musste aber weit weniger eine gesetzgeberisch-schaffende, als eine systematisch-sammelnde Arbeit sein. So verschieden auch Gesetzgebung und Systematik sind, im vorliegenden Falle mussten sich beide in Folge der eigenthümlichen politischen Lage des Vaterlands beinahe verschmelzen. Diese gab von vorn herein dem neuen Plane ein ganz anderes gebundenes Ziel, als es den unumschränkten Herrschern der Einzelstaaten und als es Napoleon, der auf den Trümmern einer zerstörten Gesellschaftsordnung mit freiem Belieben schaltete, vorschwebte. Nicht ohne Grund und nicht ohne Erfolg gewährte man daher dem bewührtesten Systematiker Deutschlands bei der Arbeit den grössten Einfluss. Das der Entwurf, wie man tadelnd hervorgehoben hat, vielfach nur das Pandekten-Lehrbuch Windscheid's wiederholt, gereicht diesem letzteren Werke mehr zum Lobe, als den Nachahmern zum Tadel.

Um einem Missverständnisse vorzubeugen, mag hier daran erinnert werden, dass die Systematik zwei verschiedene Aufgaben hat, eine niedere und eine höhere. Sie ist nicht blos Anordnungskunst, sondern vor Allem Schutzwehr gegen innere Widersprüche in dem Ganzen der Rechtsvorschriften. In der ersteren Hinsicht wurden oben mancherlei Verbesserungsvorschläge gemacht; sie ist jedoch minder wichtig. Weit bedeutsamer ist die zweite Aufgabe. In ihr ist die Systematik mehr, als die blosse Dienerin des Inhaltes der Texte, vielmehr genügt sie selbst dem wichtigsten aller praktisch-politischen Bedürfnisse, demjenigen nach Wirksamkeit der Rechtsvorschriften. Ein Rechtsbuch, dessen Theile sich widersprechen, gleicht einem Garten, in dem die zu eng an einander gepflanzten Bäume sich gegenseitig vernichten. Ohne Systematik keine Wirksamkeit der Rechtsordnung.

So mag es sich denn erklären, warum die einzelnen Theile des Ganzen mit bewundernswerther Ausdauer sich gegenseitig angepasst, zu einander in Beziehung gesetzt und in einander verwoben worden sind. Ein Missgriff war es freilich, diesen innern Zusammenhang durch unausgesetzte Citate, welche oft die Geduld des Lesers geradezu auf die Folter spannen, in den Text selbst hineinzuspinnen [1]). Die Herstellung dieses Zusammenhangs war jedoch überaus verdienstlich. Dass in dieser innern Einung eines mannigfachen Stoffes etwas Ausserordentliches geleistet worden ist, ist wohl von keiner Seite bestritten worden [2]). Darum ist der Vorwurf des Doktrinarismus [3]), der bis zu einem gewissen Grade richtig ist, nicht in vollem Umfange begründet. Die scharfe Unterscheidung zwischen einem Lehrbuche und Gesetzbuche lässt sich nicht so streng durchführen, wie behauptet worden ist [4]). Einerseits kann ein gutes Lehrbuch schliesslich nichts anderes bieten, als was in den Anordnungen steckt, die es schildert. Rechtswahrheiten, die vom Befehle irgend eines Gesetzgebers unabhängig sind, giebt es, genau betrachtet, nicht. Der Glaube an sie ist der Ueberrest eines naturrechtlichen Irrthums. Darum unterscheiden sich knapp gefasste Lehrbücher, wie z. B. Puchta's *Pandekten*, kaum von einem Gesetzbuche. Andererseits wird es schwerlich einen Lehrbuchsbestandtheil geben, der sich nicht auch als Theil eines Gesetzbuches rechtfertigen liesse. Das Recht ist, wie in einem trefflichen Worte [5]) gesagt worden ist, zugleich „Macht und Lehre".

---

[1]) Vgl. über diesen von allen Seiten gerügten, übrigens ohne allzugrosse Mühe vertilgbaren Uebelstand, statt vieler, Gierke, *der Entwurf*, S. 66 ff. Vgl. hierzu auch Stolterfoth, *Beiträge zur Beurtheilung des Entwurfs* u. s. w., Leipzig 1890, S. 5.

[2]) Mit Recht sieht Jacoby, *Entstehung und Inhalt des Entwurfs* u. s. w., Berlin 1888, S. 12, hierin den Hauptvorzug des Werkes. Daselbst finden sich S. 27 und 28 Zahlenbelege für die Kürze des Entwurfs.

[3]) Bekker's Endurteil über das Werk lautet: „nicht wissenschaftlich, sondern doktrinär" (*System und Sprache des Entwurfs* u. s. w., S. 67).

[4]) In dieser Hinsicht wendet sich namentlich wider den Entwurf Hölder, a. a. O., und in seinem Vortrage: *Ueber den Entwurf eines deutschen bürgerlichen Gesetzbuches*, Erlangen und Leipzig 1889; ferner Gierke, a. a. O., S. 12, 55 ff., 243, 323 und sonst, und Ludwig Goldschmidt, a. a. O., cap. 2 ff., S. 54 ff.

[5]) Von Merkel, *juristische Encyklopädie*, 1885, § 22, S. 12.

Ein Buch der Rechtssätze kann also der Lehrmittel nicht entbehren. Selbst eine jede Definition, die es bietet, ist nur ein Befehlssatz: „Du sollst dies Wort, wo es sich in meinem Gesetzbuche findet, so und nicht anders deuten!" Damit werden alle die Gesetzesstellen, die das erklärte Wort enthalten, hinsichtlich dieses Ausdrucks erläutert und ergänzt. Jede Definition ist daher mehr oder weniger eine Collektivinterpretation und, wo der Gesetzgeber sie vornimmt, eine collective Legalinterpretation. Dass eine solche zur Steuerung des Missverständnisses hier und da nöthig ist, ist zweifellos, und selbst logische Folgerungen aus einem Gesetze darf dessen Urheber dann anbefehlen, wenn er befürchten muss, dass sie ohne dies übersehen werden könnten.

Etwas ganz anderes ist der Vorwurf des Doktrinarismus in der Begründung der Gesetzesvorschriften, der in der Verkennung des Satzes: „Non jus ex regula" beruht [1]). Der Richter steht im Dienste allgemeiner Sätze, der Gesetzgeber aber ist ihr Herr. Wo der Richter zum Gesetzgeber wird, bindet er sich zuweilen selbst ohne Noth an die gewohnten Fesseln, die er als „Principien" sich selbst auflegt. Dass in dieser Hinsicht z. B. hinsichtlich der abstrakten Natur der dinglichen Geschäfte und der Ehescheidungsgründe nicht blos die Motive, sondern auch der Gesetzestext geschädigt worden sind, haben wir oben gesehen. Da es sich aber hierbei um eine Krankheit handelt, deren Symptome genau feststehen, so würde ihre Heilung sicherlich möglich sein.

Dass hier und da in der Rücksicht auf die ärmeren Klassen ein besserer Rechtssatz hätte gefunden werden sollen, als er aufgenommen ist [2]), und hier und da dem Einzelwillen hätten strengere Schranken gesetzt werden sollen, mag wohl richtig sein. Es handelt sich aber dort immer nur

---

[1]) Beispiele hierfür bietet Wondt in seinem Aufsatze: *Rechtssatz und Dogma*, in v. Jhering's *Jahrbüchern für Dogmatik*, Bd. 29, S. 29—106. Eine populäre Darstellung dieses Missgriffs findet sich bei Ehrlich in der Zeitschrift „Unsere Zeit", 1890, Heft 7, S. 25.
[2]) So z. B. hinsichtlich der remissio mercedis, des Verbotes der ge-

um einzelne Fragen, nicht um Grundlagen des Ganzen [1]). Nur in einem Punkte lässt sich der dem Werke entgegengehaltene Tadel schwerlich abschwächen und dies ist sein sprachliches Gewand. Schwerfällig und ohne Sinn für die Schönheiten unserer Muttersprache, insbesondere für leichtgefügte Satzbildung und wohlklingende Wortformen, spricht in den meisten seiner Theile der Entwurf zum Leser. So sollte ein Gesetzbuch nicht zu einem Volke reden, das sich einer schönen und edlen Sprache erfreut [2]). Man hat aus der Noth eine Tugend machen und die Unschönheiten der Redeweise des Entwurfs mit seinem lobenswerthen Streben nach Genauigkeit des Ausdrucks in Zusammenhang bringen wollen [3]). Allein beides trifft nur zufälliger Weise

---

fährlichen abstrakten Geschäfte, der Beibehaltung des Gewohnheitsrechts u. dergl. mehr.

[1]) Den entgegengesetzten Standpunkt vertritt namentlich A. Menger, *das bürgerliche Recht und die besitzlosen Volksklassen*, Tübingen 1890, vgl. namentlich S. 17, 23, 33, 57, 69, 89, 151. Gierke hält die Landbevölkerung für das „Stiefkind des Entwurfs" (S. 77) und auch Opitz (*Gutachten über den Entwurf eines bürgerlichen Gesetz-Buches*, Leipzig 1889, S. 35) spricht von einer „manchesterlichen" Bevorzugung der Kapitalisten vor den Grundbesitzern.

[2]) Vgl. hierüber vornehmlich Gierke, *der Entwurf*, S. 2 ff. Bekker, a. a. O., S. 50 ff. Darum sind gerade unter Meistern in der Behandlung der deutschen Rede, wie Felix Dahn (in der *Schlesischen Zeitung*, 1888, nr. 834, zweiter Bogen; *tägliche Rundschau*, Jahrgang 1888, nr. 291), Bähr u. a., besonders scharfe Gegner des Entwurfes aufgetreten. Vergl. auch die Schmerzensrufe Bernhöft's, *Kauf, Miethe* u. s. w., S. 62. Auch die sehr scharfen Angriffe, welche L. Goldschmidt, a. a. O., gegen das Werk richtet, wenden sich vorzugsweise wider seine Form. Allerdings hat auch diese Kritik gerade wegen ihrer Form einen Gegenangriff erfahren (Planck, *Archiv f. civ. Praxis*, Bd. 75, S. 429).

[3]) So z. B. Zitelmann, *die Rechtsgeschäfte im Entwurf*, Bd. 1, S. 1 ff., auf den sich Planck, a. a. O., Bd. 75, S. 420 ff. bezieht. Uebrigens enthalten Zitelmann's Gegenvorschläge, ebenso wie die oben erwähnten Bähr's, zweifellose stilistische Verbesserungen. Soeben erscheint auch eine Veröffentlichung fortlaufender Verbesserungsvorschläge von Rocholl (*Vorschläge zur Abänderung des Entwurfes u. s. w.* Erstes Buch. Breslau, 1890).

zusammen. Nur insofern liegt darin etwas Richtiges, als wohlklingende Wendungen (wie z. B. die bekannten französischen Sätze „en fait de meubles la possession vaut titre" oder „la recherche de la paternité est interdite") in der Regel nicht ganz genau sind oder näherer Erläuterung bedürfen [1]). Damit hängt wohl zusammen, dass dem Entwurfe jedes Streben nach sprichwortartigen, geflügelten Worten gänzlich abgeht. Die Motive beweisen, dass die Verfasser die deutsche Sprache wohl beherrschen, wo es sich um Gedankenreihen handelt, welche begründen und nicht befehlen; allein zwischen der juristischen Ausführung und der festgeprägten Gesetzesregel ist ein gewaltiger Unterschied. Die Fähigkeit, unantastbare, Gehorsam gebietende Formeln abzufassen, will mehr geübt und gelernt sein, als jede andere. In ihr waren die Verfasser des Entwurfs keine Meister. Non omnia possumus omnes. Den Männern, welche ihr Werk revidieren werden, wird es nicht allzu schwer fallen, sie in dieser Hinsicht zu überbieten. Indessen wenn sie selbst fähig wären, mit Menschen- und Engelzungen zu reden, so würden sie dem Wunsche nach einem volksthümlichen Rechtsbuche doch nicht genügen können [2]). Es ist ein unvermeidliches Vorrecht der allgemeinen Regeln, über den Gesichtskreis des unbelehrten Mannes hinauszugreifen; das Geltungsgebiet eines Satzes steht im umgekehrten Verhältnisse zu der Grösse des Kreises, der ihn versteht, und „leges generaliter constituuntur". Man wird daher gut thun, auch in dieser Richtung auf unerfüllbare Wünsche von vorn herein zu verzichten.

Und nun zum Schlusse. Die Gefahr, dass die Arbeit der Commission als gänzlich werthlos bei Seite gelegt werden könnte, ist beseitigt, und zwar, wie der Verfasser glaubt, zum Besten Deutschlands. Die Gefahr, dass bei der Umar-

[1]) Vgl. hierzu Stolterfoth, *Beiträge zur Beurtheilung des Entwurfs* u. s. w., Leipzig, 1890, S. 17 ff.
[2]) So mit Recht Meischeider, *die alten Streitfragen gegenüber dem Entwurfe* u. s. w., 1889, S. 34.

beitung des Werkes zu viel oder zu wenig geschehen könnte, dünkt ihm minder wichtig. Es ist nach menschlicher Voraussicht wohl ziemlich sicher, dass aus demjenigen, was vorliegt, ein einheitliches Reichsgesetzbuch hervorgehn wird. Nehmen wir aber auch an, dass die gemachten Verbesserungsvorschläge in weitestem Umfange Beachtung finden sollten und ein gründlicher Umbau keinen Stein auf dem anderen bestehen liesse, nehmen wir ferner an, dass erst ein gänzlich umgestaltetes Werk Gesetzkraft erlangen würde, selbst dann müsste das Hauptverdienst an dem Gelingen des grossen Unternehmens doch denjenigen zugeschrieben werden, die zuerst seine Lösung als ein Ganzes zusammengeschweisst haben. Ein jeder, der sich in schriftstellerischen Leistungen versucht hat, weiss, welcher gewaltige Unterschied zwischen dem ersten Entwurfe eines vollständig durchgeführten Gesammtbildes und seiner Ausfeilung im Einzelnen ist. Wer an jenem nicht gescheitert ist, darf mit Fleiss und gutem Willen auch durch diese hindurchzukommen hoffen. So steht es auch hier. Die grosse That liegt in dem Nachweise, dass die Herstellung eines einheitlichen Gesetzbuchs für Deutschland möglich ist. Er ist gelungen und den Männern, die ihn durchführten, gebührt vaterländische Anerkennung. Leider muss der vollste unserer Dankeskränze auf ein Grab gelegt werden. Pape, der Leiter und die Seele des Unternehmens, starb kurz nach Veröffentlichung des Werkes unter den unfreundlichen Eindrücken, die dessen erste Aufnahme hervorrufen musste. Es liegt tief im menschlichen Herzen die Neigung, grösseren Werken dann eine vertrauensvollere Anerkennung entgegenzubringen, wenn der Glorienschein eines Martyriums über ihnen schwebt. Möge der Gedanke an den unglücklichen Zeitpunkt, in welchem einer der ersten Gesetzgeber Deutschlands starb, vom Glücke getäuscht um die Frucht seiner bedeutendsten Leistung, diesem seinem Werke zum Geleitbriefe dienen.

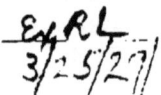

N. G. Elwert'sche Verlagsbuchhandlung in Marburg.

In gleichem Verlag erschienen:

Baron, J., Die Gesammtrechtsverhältnisse im römischen Recht. gr. 8. XVI, 536 S. M. 7. 50.

Bennecke, H., Zur Geschichte des deutschen Strafprozesses. Das Strafverfahren nach den holländischen und flandrischen Rechten des XII. und XIII. Jahrhunderts. gr. 8. XII, 134 S. M. 3. 50.

— — Die strafrechtliche Lehre vom Ehebruch in ihrer historisch-dogmatischen Entwickelung. I. Abtheilung: Das römische, canonische und das deutsche Recht bis zur Mitte des XV. Jahrhunderts. gr. 8. X, 147 S. M. 3. —.

Enneccerus, L., Rechtsgeschäft, Bedingung und Anfangstermin. gr. 8. IV, 639 S. M. 12. —.

— — Friedrich Carl v. Savigny und die Richtung der neueren Rechtswissenschaft. Nebst einer Auswahl ungedruckter Briefe. gr. 8. 77 S. M. 1. 20.

Festgaben der juristischen Facultät zu Marburg zur fünfzigjährigen Jubelfeier der Doctor-Promotion Seiner Excellenz des Grossherzoglich Mecklenburgischen Wirklichen Geheimen Rath Georg Wilhelm Wetzell. gr. 8. 380 S. M. 8. —.

Daraus einzeln:

Frank, R., Die neueren Disciplinargesetze der deutschen evangelischen Landeskirchen systematisch dargestellt. gr. 8. 42 S. M. 1. 20.

Lehmann, H. O., Zur Theorie der Werthpapiere. gr. 8. 53 S. M. 1. 50.

Leonhard, R., Die Eidesznschiebung in Familienrechtsprozessen nach dem Entwurfe eines bürgerlichen Gesetzbuchs für das Deutsche Reich. Ein Beitrag zur Lehre von den Erfordernissen einer angemessenen Gesetzgebungskritik. gr. 8. 176 S. M. 4. 50.

Lilienthal, K. v., Der Ort der begangenen Handlung im Strafrechte. gr. 8. 24 S. M. 1. —.

Ubbelohde, A., Ueber das Verhältniss der bonorum venditio zum ordo judiciorum. gr. 8. 24 S. M. 0. 80.

Westerkamp, J. B., Das Bundesrecht der Republik der Vereinigten Niederlande (1579-1795). gr. 8. 52 S. M. 1. 50.

Leonhard, R., Der Entwurf eines bürgerlichen Gesetzbuchs für das deutsche Reich und seine Beurtheilung in einer kurzgefassten Uebersicht dargestellt. gr. 8. 72 S. M. 1. 50.

N. G. Elwert'sche Verlagsbuchhandlung in Marburg.

Leonhard, R., Noch ein Wort über den juristischen Universitätsunterricht. gr. 8. 32 S. M. 0. 60.

— — Die Lebensbedingungen der Rechtspflege. 8. 36 Seiten. M. —. 60.

Mansbach, J. G., Der Niessbrauch an Forderungen. Eine von der Juristenfacultät zu Marburg gekrönte Preisschrift. Mit einem Vorwort von Professor Enneccerus. gr. 8. XII, 87 S. M. 1. 80.

Meibom, V. v., Das deutsche Pfandrecht. gr. 8. XI, 467 S. M. 6. —.

Ortloff, H., Die Strafbarkeits-Erkenntnis als Schuld-Voraussetzung. gr. 8. 128 S. M. 3 —.

Pescatore, G., Die sogenannte alternative Obligation. gr. 8. XII, 286 S. M. 7. —.

Schulin, F., Ueber einige Anwendungsfälle der Publiciana in rem actio. Eine civilistische Abhandlung. gr. 8. VII, 211 S. M. 3. 50.

— — Ueber Resolutivbedingungen und Endtermine. Eine civilistische Abhandlung. gr. 8. IV, 215 S. M. 4. 20.

Spesshardt, H. v., Der Versicherungsbetrug im Reichsstrafgesetzbuch, unter Berücksichtigung der wichtigsten ausländischen Gesetzgebungen. gr. 8. 110 S. M. 1. 80.

Ubbelohde, A., Zur Geschichte der benannten Realcontracte auf Rückgabe derselben Species. gr. 8. 96 S. M. 1. 50.

— — Grundriss zu Vorlesungen über die Geschichte des römischen Privatrechts. 2. Auflage. gr. 8. 56 S. M. 1. 20.

— — Ueber die Berechnung des tempus utile der honorarischen Temporalklagen. gr. 8. 60 S. M. 1. 60.

Vangerow, K. A. v., Lehrbuch der Pandekten. Der 7. vermehrten und verbesserten Auflage neue wohlfeile Ausgabe. 3 Bände. gr. 8. XXVIII, 900, XII, 582 und XV, 740 S. M. 20. —.

Varges, W., Die Gerichtsverfassung der Stadt Braunschweig bis zum Jahre 1374. Eine verfassungsgeschichtliche Studie. gr. 8. 66 S. M. 1. 20.

Wachenfeld, F., Die Begriffe von Mord und Totschlag sowie vorsätzlicher Körperverletzung mit tödtlichem Ausgange in der Gesetzgebung seit der Mitte des 18. Jahrhunderts. Ein Beitrag zur vergleichenden Geschichte der Strafgesetzgebung. M. 6. 50.

Zimmermann, E., Der Glaubenseid. Eine rechtsgeschichtliche Untersuchung. gr. 8. VIII, 452 S. M. 6. —.